Guide to Sea Kayaking Tour

海旅入門

カヤックで海を自由に旅しよう

川﨑航洋

はじめに

カヤックで海へ出かけるようになったころ、シーカヤックの教本のようなものがあればいいのにと思っていました。間もなくジョン・ダウドの『シーカヤッキング』(堀田貴之訳)という本を手にしました。初めてのテキストでしたが、自分の未熟さもあり、うまく咀嚼できなかった記憶があります。その後、カヌーブームに乗って数多くの書籍が発行され、インターネットの普及もあり、今では十分な情報を得ることができるようになりました。

でも、何か足りないのです。何かおかしいのです。知識と体験との乖離というか、知ってはいるけどできない、という人を多く見るようになりました。物はあるけど使えないという人や、すごく言葉が豊富でどれだけできるのだろうと思って同行すると、からっきしだめという人も散見します。

海でも山でも、私は理屈より先に「できてなんぼ」という連中に揉まれながら、ある種の徒弟制度のなかで成長してきました。他者との接触を好まない風潮の強くなった今、このやり方は受けないでしょうね。でも、知ることとできることのギャップを埋めるには人と交わり、「できるを見る」のが一番の早道になります。その上に鍛錬が求められます。

本書を読んだだけで「できる」と思わないでください。入門とはありますが、海旅を楽しめるようになるには経験が欠かせません。本書で海旅の概略をつかんだら、できるだけ多くの同好者と交わり、行動の中から学んでいくのがよいでしょう。その過程で参考にしていただけることもあるかと思います。『シーカヤッキング』を手にしたころの私と同じレベルなら、虚心になってひとつずつステップを踏みながら進んでいってください。

10年ほど前に縁あって舵社の『カヌーワールド』6号から「私の海旅」という題でエッセイを書かせてもらうようになりました。さらに8号で「心に残る3つの海旅」、さらに14号から「海旅入門」を8回にわたって連載させていただきました。本書は、これら一連の記事を整理・加筆してまとめたもので、失敗も含めて実体験に基づいて記すよう努めました。シーカヤックの教本を欲しがった私が、30年以上経ってまさかこんな本を出すことになろうとは……

第1章は「海旅方法」で、シーカヤックで海を行くのに必要な知識、用具、技術などを記しています。第2章「海旅紀行」は私を育ててくれたフィールドを紹介、最後の「女房と漕いだ3千キロ」はここ20数年の私たち夫婦の海旅の記録です。

「カヌーなんかで海へ出てかまわないの」とか「危なくないの」という声をよく聞きます。海難や水難のニュースも絶えることがなく、確かに海は危険な側面をもっています。それで、海に蓋をしようとする人がいます。その一方に「島の子は溺れない」と言う人もいます。私は後者に与《くみ》します。島の子は、泳げないときから海に入り、年上の子どもたちを見て、泳ぐことを知り、それを当たり前のこととしてやるようになります。そうしなければ仲間になれない、遊んでもらえないからです。大人は遠くで見ていたり、見ていなかったり。小さい子を危ない目に遭わせると、その場にいる年上の子が叱られます。この優れた遊びのサイクルが何世代にもわたってつづけられてきました。私の育った環境も、山や海に親しんでいく過程も同じようなものでした。

海旅はそんな遊びの延長なのかもしれません。シーカヤックは、いくつになっても海に誘《いざな》ってくれる媒体になります。日本は四方を海に囲まれた島国です。そんな私たちが海を遠くに感じて生きることはないでしょう。心の蓋を取り除き、その中に潜む冒険への憧れを呼び起こし、果てしなく広がる海に自由な航跡を描きたいと思うのです。

「いい齢《とし》して、まだこんなことやっているのか」と冷やかしてください。

「若いくせに、こんなこともできないのか」と言い返しますから。

子どもには戻れませんが、あのころのピュアなときめきは心のどこかにきっと残っているはず。それが呼び覚まされるような旅をしましょう。

Contents

海旅入門

第1章

海旅方法

§1 海を旅する前に

言い訳がましい前置きをひとつ

　カヤックを用いた私の海旅の方法を話していきたいと思います。

　方法というものにどこまで普遍性があるのか私は知りませんし、その進歩や変遷がめまぐるしい中で、斬新と思えるものでもすでに誰かが考えていたり、古臭いことでも新しい意味づけがされたりもします。本書で記すことはきわめて私的な方法論ですが、借り物の解説はできるだけ退けて、30年ほど海を漕いで得た知識と技術と経験をもとに語っていこうと思っています。科学的でも論理的でもありませんが、私なりに体系づけていますので、その中に何かひとつでも役立つことを見つけていただけたらありがたいことです。

　海を旅する方法は多様ですから、こうでなければならないということではありません。こういうやり方もあるのか、でも俺は（私は）こうするんだという読み方をしていただけると、さらにありがたく思います。

ひとくちにアウトドアというけれど

　私は、アウトドアの楽しみ方には、大きく分けて図のような3つのカテゴリーがあると思っています。

アウトドアの範疇

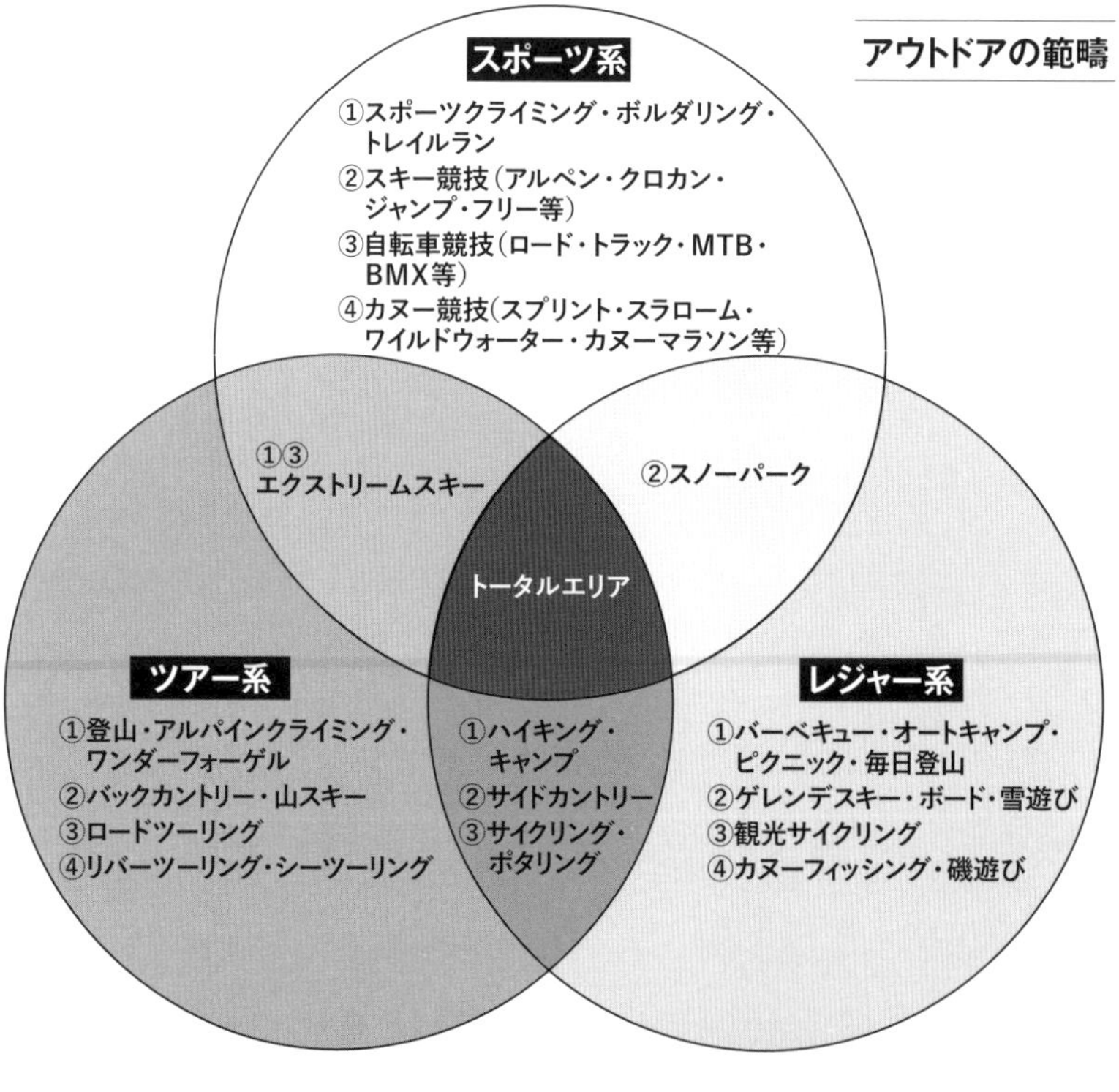

陸地からは見ることのできない風景に出合えるのもシーカヤッカーの特権

ひとつはレジャー系。オートキャンプ、ゲレンデスキーやボード、観光サイクリングなど。2つ目はスポーツ系。山関係ではスポーツクライミングやボルダリング。各種のスキー競技や自転車競技。カヌー関係ではスプリントやスラロームなど様々の競技、カヌーマラソンなどもこれに入るでしょう。3つ目はツアー系。登山やワンダーフォーゲル、アルパインクライミング、バックカントリースキーなど。海や川ではカヤックを移動の手段として用いて旅を楽しむもの。

　この三者は、同じ用具(厳密に言うと大いに違う)を使い、図のようにある部分は重なり合いながらもその方向性と方法は異なっています。同じカヤッカーといっても、競技で秒を競い合う人とのんびり自然を楽しむ人の話が合うはずもありません。また、ゲレンデスキーヤーが草レースに出たりするのはお遊びですみますが、雪山へ入り込んだりすると遭難騒ぎをひき起こしたりします。アウトドアとひとくくりにするのではなく、自分が何を志向し、どの立ち位置にいるのかという自覚はしっかりと持ったほうがいいと思います。

経験者に教えを請うのが上達への早道
おしえて〜!!

しかし、その境界ははっきりとした壁のようなものではなく、技術の融通は十分ききますから、ガイドツアーの体験シーカヤックでその魅力に取りつかれた人や、スポーツとしての限界を感じた人が旅の世界に入ってくることも、その逆も大いにあっていいことです。

私自身は、中央のトータルエリアで、旅をするために必要なスポーツ系の技術を身につけ、自然を楽しむためにレジャー系の知識をとり入れながら、景色や民俗などいろいろなものに触れて回りたいという姿勢です。

何がしたいか

本題に関係のないことを長々と書いたのは、自分がしたいこと、自分にできること（できないこと）をはっきりと認識しておくということは、自然を旅する上でとても大切なことだからです。主体性のない行動というのは波の上に漂う落ち葉のようなもので、どこへ行くかも分かりません。シーカヤックも落ち葉も大海の上では大差ありませんが、意思を持って方向を決めていけば、必ず目標とする地に着けます。その方向性のない人は、書物や人からはもちろん、自然からでさえ学ぶことをしないように私には思えるのです。

ここでは、あなたが「自分自身の意思と能力をもって、シーカヤックで海を旅したい」、そういう人であるとの前提で、その方法論に入っていこうと思います。

まずは師匠と仲間を探せ

シーカヤックで海旅を始めるきっかけは何でしょう。雑誌のグラビアやテレビに映る姿の格好よさに惹かれたり、のんびり漕ぐ様子を見て自分もやってみたいと思ったり、ひと昔前にカヌーブームを引き起こした野田知佑氏の犬を乗せていく姿に憧れたり、様々だと思います。

私は、仕事で知り合った藤田敬一郎さん（まだ誰もカヌーを知らない頃にフジタカヌーの創業者の藤田清さんたちとともにカヌーの旅を始めたカヌー創成期のひとり）を通じてシーカヤックを知り、勝手に彼を師匠と決めました。このときのことは14ページのコラムに書かせていただきましたが、人との出会いは大切です。身近にカヤックをする人がいれば、私のように誘われるチャンスもあるでしょう。

経験者を通じて始められるのは幸運なことです。シーカヤックや道具を用意し、初心者の世話を焼いてくれる人は、とても教えたがりだったりしますので、そうなら基本的なことはすぐに覚えられます。もし教えてくれる彼や彼女が優れたカヤッカーだったら、あなたはあっという間に上達していくでしょう。私のように海旅が好きなだけで、技術的にたいしたことのない者を師匠とす

知識と技を習得して経験を重ね、
師匠を乗り越えよう
LEVEL UP

シーカヤックは海を歩く足。その遅さを楽しもう

るなら、そのレベルまでいくのはとても簡単なことです。

問題はその後です。ひととおり漕げるようになると、師匠の頭を踏みつけ乗り越えていきましょう。いつまでもそのレベルにとどまっていることはないのですから。でも、そこから先は自分で歩まなければなりませんし、自前のカヤックも持たなければならなくなるでしょう。このとき仲間がいるといいですね。古いカヤックや用具を譲ってくれたりするかもしれませんし、お互いに刺激になり、用具だけでなく情報や技術の交換もできます。

たいていは師匠に連なる人脈ということになりますから、それがスポーツ系だったら技術を磨き体力をきたえる方向へ、レジャー系と旅(ツアー)系ならのんびり楽しむ方向へと進みます。どちらがどうということではありません。並行してやっていってもいいでしょう。

一人でカヤックを始める人は、なかなか困難で危険な道を歩むことになりますから、早めにどこかのクラブに入ってノウハウを習得することを勧めます。その前にガイドツアーなどに参加して、自分に向く遊びかどうかを確かめておくのもいいでしょう。いきなりショップへ行ってカヤックを買い、初出艇で帰らぬ人となった例は川、海ともに聞きます。自然を舞台にする遊びは、それほど甘いものではありません。

海を自由に旅しよう

私は、カヤックでの海旅を楽しむタイプですから、競技や競漕のスポーツ系とは一線を画すことになり、本書もその方向でいきます。

スポーツには観客がいてルールが多く定められますが、自然の旅には見てくれる人もなければルールというものもほぼありません。あえて言うならば自然を旅するために自分に課するルール(責任と言ってもいいかもしれません)はたったひとつです。それは生きて帰るということ。

海を汚すなとか海の法を守れとか、そんな言わずもがなことを押しつけないでください。カヤッカーがそのレベルで問題になるような行為をするなら規制が入り、広い海も狭く不自由になってきます。人に迷惑をかけないで目立たぬよう行動して、いつまでも放っておいてもらうほうが、むしろ私たちにはありがたいのですから。

そんなあれこれも含めて海を自由に旅する、そのために必要なことがらを語っていこうと思っています。

海に浮かび、海を旅する。そこには感動的な時間と空間が待っている

海で感じるものがあれば

　私は最初、リバーカヤッカーだったのですが、釣り人とのトラブルに嫌気がさしたのと一所《ひとところ》にとどまる瀬遊びになじめず川から離れてしまいました。海の広がりは自由と解放感を与えてくれますし、陸地からは見ることのできない風景や日常生活では決して体験できない様々な不思議な現象に遭わせてくれます。加えて、そこに居られるというただそれだけの幸せ、ほんの一瞬が永遠とも思われるような時間。そうした感覚は、体験した人にしか分からないでしょうが確かにあるのです。

　私はそういう瞬間に出合いたくて海旅をしているのですが、目的は個々に違っていて当然です。感動や喜びのツボには個人差があって、同じ風景の前にいても思うところは百人百様。それでもあなたが心を動かされる何かを見つけられるなら、シーカヤックで行く海の旅は長く、長く続けられることでしょう。

カヤックを足にして

　ヨットやモーターボートなどの動力船を操る人には、シーカヤックの速度は耐えられないものかもしれません。動力船を車に例えればカヤックは徒歩、そのスピードはもどかしいものです。カヤックは海を歩く足、競う相手もいないのだから急ぐことはなく、その遅さを楽しみましょう。そう開き直ってみれば、速度や効率優先の考えから解き放たれ、気持ちに余裕が生まれてきます。はるかかなたの島影も漕いでさえいれば、いつかは着くのですから。

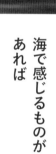

海旅には山の手法や
技術を応用できる

海を漕ぎ進むもどかしさやしんどさは、海旅の隠し味になってくれます。入れる量が過ぎると不味《まず》くなってしまいますが、適度な苦労は楽しみを倍加してくれ、忘れられない旅の思い出にはこうした要素が必ず含まれているような気がします。風景は流れ去るだけではなく、一つひとつの岬や岩礁が、目標だったり希望だったり、ただの風景が自分だけの特別な意味をもつようになるのです。

また、両舷に手を垂れれば両手とも海にふれます。カヤックは水面に一番近い舟なのです。目の前に浮かんだウミガメと目を合わせたり、板切れに乗って漂流する無数のカニを拾ったりすることも、ヨットの行けない水深30センチほどの浅瀬を行き来することもできるのです。速さや効率などの何かをあきらめることはすべてを失うことではなく、違う何かを得ることになります。カヤックで海を歩くと観念すれば、かえって見える世界は広がるのかもしれません。

海の旅は山の手法で

「海を旅する前に」と題して、カヤックを用いての海旅の基本的な考え方を書きましたが、次から具体的な話に入っていきます。私は海より山の経験のほうが長く、海旅にもその手法や技術を応用しています。計画の立て方、気象の把握、地図読み、生活技術など共通することがらは多いのです。

最後にひとつ。山と同様にシーカヤックの旅に知識は大切です。雑誌や専門書、それにインターネット等々で学びましょう。これで終われば頭でっかちのダルマで、ひっくり返ってしまいます。知識を体現できる体力と技術がなければカヤックを自在に動かすことはできません。実はそれだけでもまだ危なっかしく、この2つの上に経験を積んでいって、次第に一人前のカヤッカーになっていくのです。

知って、実行して、改良してのサイクルを重ねることで、海旅の安全率は高まっていくと思います。経験することで、知識を増やし技術が高まっていくよう努めながら、その過程を大いに楽しんでください。旅のカヤックは早く上手くならなくてもいいのです。一つひとつの旅ごとに新しい何かに出合えれば、それは収穫のときというもの。旅も人生もゴールだけが重要なのではないのです。今日を楽しめない人は、明日も楽しむことはないでしょう。旅に限らず、あらゆるプロセスを大切にしてください。

次からは具体的なノウハウをご紹介。
そうご期待！

Essay❶
私の海旅

海旅、ことはじめ

どんなことにも初めがある。私の海旅の初めは藤田敬一郎さんとの出会いである。

私がまだ20代だったころの春のある日、朝の7時に赤穂御崎に来るように言われて行った。小さな砂浜にオープンデッキのカヌーが一隻、その傍らで藤田さんがいて手招きする。おはようのあいさつもそこそこに、前部シートに乗りこむと、彼は岸の砂をけってカヌーを海へと押し出した。右側を漕げというので、シングルパドルのブレードを海面につっこんで適当に漕いだ。彼は後部で左側を漕いで、その小さな舟はみるみるうちに岸辺をはなれていった。

小豆島に行かないかとの誘いを受けていたが、まさかこの舟で？

藤田さんはこともなげに「そう」と言う。

「大丈夫ですか？」「何が」

「もし、ここでひっくりかえったら」「舟をおこして、乗りなおするなと言われても、そうするよな。

「文句言われないですか？」「だれに」

茫洋とした広がりに魅せられて

「海上保安庁の巡視船とか？」「海は、原則、通行自由」

「漁船の漁師は？」「仕事の邪魔さえしなければ何も言わんよ」

そういうことなのだ。

「小豆島はあんなに遠いけど」「漕げば着く」

ごもっとも。

それは、今まで経験したことのない時間と空間だった。同じ動作をくり返すだけで、時間は止まったままに思える。でも、気がつくといつの間にか御崎は遠ざかり、右手の海岸線には新たに海浜公園の観覧車が見えるようになっていた。家島の島々も振りむくたびにその大きさと形をかえ、止まったような時間が、知らず知らずのうちに私たちを遠くの水平へと運んでいく。心なしか、前方の小豆島も色濃く大きくなったようだ。私は、漕ぎつづけるうちに、この不思議な時間感覚と空っぽの心境がいたく気にいるようになっていた。

小豆島の福田港に着き、ビールを飲んだ。名物の春日堂の酒まんじゅうを買いこんで帰りの舟で食べた。夕陽が雲と水面を紅く染めるころ、ようやく赤穂の沖に。往復40キロメートルは漕いだのだろうか。たわいもない一日、されど忘れられない一日。これが私の海旅の始まりである。

藤田さんは技術的なことは何も語らなかったが「漕げば着く」というオプティミズムと海の広さに似た人のスケールを教えてくれた。これが私の幸運であったことは言うまでもない。鳥の雛のように最初に目にした親の姿が行動に刷りこまれていくのである。だれを通じてその道へ入るかは、思っている以上に重要なことなのだ。以来、私は海の旅の虜となった。

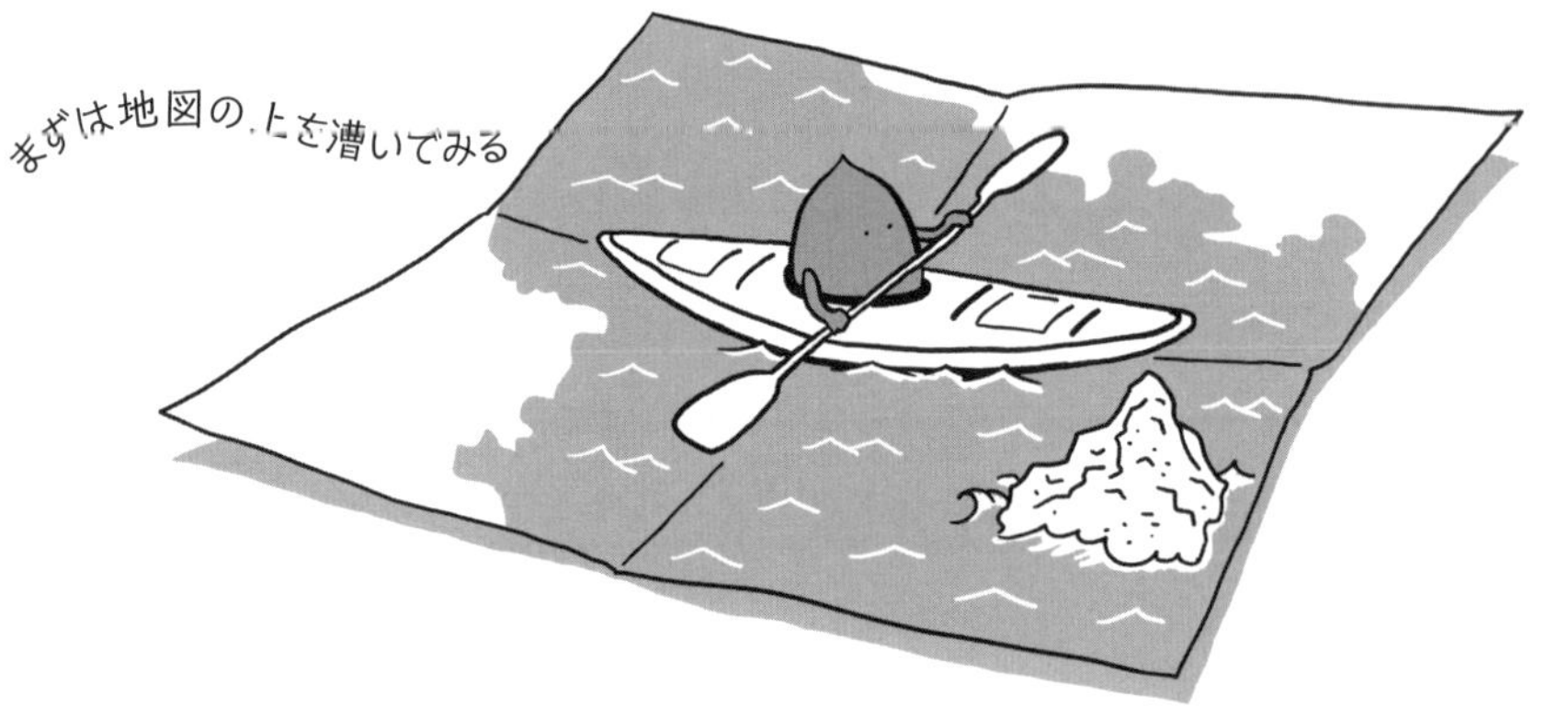

§2 海旅の計画の立て方

旅の始まりは

雑誌の写真やテレビの映像などで美しい島や海岸を見ることがあります。また偶然通りかかった海岸からはるか沖合にかすむ島影を望むことも。なんという島か名前も知りませんし、何キロ沖合なのか、人が住んでいるのかいないのか。行ってみたいと思えば、それが旅の始まりとなります。

行ってみたい場所がある。見てみたい風景がある。やってみたいことがある。会ってみたい人がいる。そのうちのどれかの「みたい」につき動かされて旅は始まります。この内面の衝動とそれを行動に移すエネルギーがなければ旅はできないでしょう。普通の旅は車や電車、船、飛行機などに頼ることになりますが、自然の旅ではあえてこれらの交通手段を捨てて、歩いたり漕いだり、自分の手足を働かせて行くことになります。そして、それでなくては行けないようなウィルダネス（野生）の地は魅力でさえあります。

地図から探ろう

行きたい場所が決まれば、まず地図を探します。登山では国土地理院の2万5000分の1地形図を使っていましたが、今は「カシミール3D」や「ジオグラフィカ」などネット上で見られるサイトやアプリがあり、海旅でもこれを活用しています。カシミール3Dは任意の場所がプリントアウトできるのでとても便利です。地形図からは方位、距離、地形、建造物、植生などが読み取れますが、その他の細かな情報、たとえば商店、駐車場、宿泊施設などは、グーグルマップやヤフー地図などで補います。また、地図画面から写真画面に切りかえる

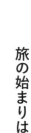

と、よりいっそうその地の実景をうかがうことができますし、ストリートビューも有効です。

　海の様子は海図ということになります。でも、この図から読み取ることができるカヤックで有用な情報というのは案外少ないものです。また、縮尺もまちまちで、大判のものが多く携帯は不自由、それに高価ときているからなかなか手が出しづらいものです。海図については§4「海象と海図」のところで詳しく述べます。

　こうやって得た情報の必要なことがらを地形図に書き落とすようにしましょう。できるだけ1枚にまとめておくほうが見やすくていいですね。ここまでが第1段階ですが、行き先とそのおおまかな様子が分かっただけで、ここからいよいよ計画へと移っていきます。

いつ、だれと、どう行くか

　目的地は決まりました。次は行く日と同行するメンバー、そして何をどうするかということになります。

　期日の理想を言えば、準備をしっかり整えたうえで好天の日をねらって出かけるのがいいでしょう。でも、これは仕事をもつ人には無理な相談ですから、いきおい土日、祝日など勤務でない日になるのはやむを得ないことです。そして漕ぐ日が決まれば、当日の潮汐を『潮汐表』やネットの潮汐アプリで調べておき、1週間ほど前から天気予報を見るようにします。当日の天気をうかがって、行くか行かないかの判断の仕方については、また後に「行動判断マニュアル」にまとめて説明します。

　次にメンバーです。旅は「どこへ行くかよりも、だれと行くかのほうが大切だ」とよく言われますが、海旅ではメンバーはより重要な意味をもちます。なぜなら、ただ気が合う合わないという以上に、行動がしばられてくるからです。もし、初心者が一人いるなら、漕航距離やリスクのとり方はその一人に合わせなければなりません。海の上ではバラバラになって漕ぐことも多いので、少しでも荒れようものなら、自分の身ひとつ守るのに精一杯になってしまいます。力のある者はいち早く安全圏に逃げ込み、力のない者はとり残されてしまいます。一番遅い者に合わせると、全員が長い時間、荒れる海に漂うことになりかねません。もし、自分の思い通りの海旅をしたいのなら、メンバーは力量が自分と同等かやや上の人が

足のそろったメンバーと

いいでしょう。初心者を加えるなら、計画はすべてその初心者の力に合わせてゆとりをもって立てるようにしてください。

　経験の浅いうちのソロツアーはお勧めしません。一人で行けるようになるのは、仲間とともにいろいろな体験を重ね、危険を避ける（あるいは脱する）術を十分身につけてからの話になります。

「何をどうする」というのは、行動の中身になりますが、何かひとつテーマがあるといいですね。テーマは旅をする動機とも重なりますから、それぞれの感性や興味に由来します。テーマは別に高邁でなくてもいいのです。最初に言った旅の衝動「みたい」があれば十分ですが、それに合わせて行動と装備など、計画の内容を組み立てていくことになります。これで第2段階終了です。

徹底して調べよう

　計画の骨子はほぼ固まりました。ここから先はだれの目にも分かるものにしていきます。計画書の作成ということになりますが、その前に確かめておくことはたくさんあります。順につぶしていきましょう。

①カヤックを出す場所は

　この選定がなかなか難しいのです。小さな漁港には揚陸スロープがあるので出艇に便利なのですが、漁協専用で過去にトラブルはなかったか、地元カヤッカーとのローカルルールのようなものはないか、ネット等で可能な限り調べておきましょう。もし何らかの障害があれば私はそこからの出艇はやめて、浜や河口など難のない他の場所を探します。

　駐車は地元に迷惑にならないよう配慮するのは当然ですよね。余談になりますが、当日もし近所の人がいるなら一声かけておくのがいいでしょう。旅が数日に渡るなら声掛けと断りは必ずしておかないと遭難騒ぎになりかねません。もうひとつ大事なのは、駐車場所と出艇場所までの距離で、これが長いと運搬に苦労をします。

②目的地は上陸できるか

　無人島やただの浜でも所有者がいて、宗教法人や会社・個人のものだったら上陸させてくれない場所もあります。それも『日本の島ガイド　シマダス』（（財）日本離島センター編）という本とネット記事で調べて、そういうところへの上陸は避けるようにしています。

③当日の潮の流れは

　これは潮汐表が基本になります。ネットでは釣り情報サイトがけっこう便利で、干満の時間や潮位だけでなく、月齢、日の出、日の入りの時間まで記しています。ただ、干（満）潮時がそのまま転流ということにはならず、潮の流れが変わるまでには時間差があるということも頭においておかなければなりません。そしてその日の潮の強さ、流れの方向を利する形で出艇の時間を決めます。もちろん微弱な流れなら無視してかまいません。

④装備を決めよう

　カヤックに関わる装備、キャンプに必要な装備、個人で持っていく物等々をリストアップします。装備と服装については§6で詳しく書きます。

⑤食べる楽しみを

　カヤックは登山よりも多

計画書の例

○○島シーカヤック計画書

1 目的地　○○島(□□市)

2 期　日　2017年　　月　　日(　　)

3 参加者　氏名　住所　携帯電話　緊急連絡先

4 集　合　時間:　　時　　場所:

5 行　程　集合場所⇒(○○自動車道)⇒△△港⇒○○島(島内見物)⇒△△港⇒集合場所

6 装　備
(1) 艇関係:2人艇(2)・スプレースカート(2)・パドル(4)・PFD(4)・ビルジポンプ(2)・ピスポトルセット(2)・ドライバッグ(6)・パドルフロート(2)・ロープ(20m)
(2) 共同:コンロ・ガス・コッフェル・フライパン・水容器・クーラーバッグ・ライター・救急薬品・地図・コンパス・双眼鏡
(3) 個人:帽子・サングラス・グローブ・タオル・ナイフ・食器・水筒・時計・保険証・着替え・筆記具・カメラ

7 食　糧　昼食各自(非常食1食+嗜好品)

8 条件等
(1)実行条件(小雨決行)・視界:2000m以上・風力:3以下・風浪階級:3以下
(2) 潮汐・基準港(△△港)

日の出 06:19	日の入 17:17	中潮
干潮 06:13	32cm (西流0.4～2.0kn)	
満潮 13:13	252cm (東流0.4～2.0kn)	
干潮 19:24	111cm	

(3) 海況等
当日の潮流は転流時の前後1時間ほどは0～0.4kn、強流時は1～2kn。上げで西に、下げで東に流れる。漕航は横切る方向になるので向かい潮にはならないと推測する。カヤックで出発する△△港から○○島まで約5kmの距離で暗岩等はない。△△港からは渡船が1日7往復しており、エスケープに使用できる。

※日帰りのシンプルな例です。
何日もの海旅になると行程、潮汐、海況等の情報量が増えるので、潮汐は別表を作ったり、行程や海況は地図に書き加えたりします。

くの荷物を運ぶことができますので、食べることと飲むことも楽しみたいものです。そうなると、ちょっとぜいたくなメニューや、釣れるかどうか分からないけど、現地調達の魚料理なども一考の余地があるというものです。

計画書を作ろう

そうして作った計画書の例をあげておきます。これでなければならないってことはありません。登山と違って、海旅では計画書を出すという習慣も提出を受けてくれる場所(海上保安庁に窓口ができないものかと期待しているのですが)もありません。それじゃ意味がないじゃあないかと言わないでください。計画書はただ単に、遭難時の捜索に必要だからではなく、計画の妥当性を検証しつつ一緒に行くメンバーとの共通理解を図るところに重点があるのですから。

きちんと立てた計画の下での行動は柔軟で安全性が高いものになります。それは必ずしも計画通りでなければならないということではありません。時間的に距離的に自分がどの位置にいるかを見失わないようにして、計画のライン上で寄り道をしたり、道草をするもよく、反対に異常な事態には、それを想定の範囲に引き戻していく目安ともなります。計画をメンバー各自が認識しているということは、パーティー全体の強さになるのです。

インターネットのSNSなどで知り合った人と初対面で海旅に出ることもあると思います。私個人としては、お互いの力量を知らない、危急の時に相手がどういう行動をとるか分からない、信頼感のもてない人と行っても

テーマがあると、より深い海旅が味わえる。写真は筆者が人間魚雷「回天」の島を訪ねた海旅

面白くない、などの理由で敬遠していますが、広く仲間を得る上では有効な手段にはなるでしょう。そのような場合こそ、計画書を作ることで意思疎通を図るようにしていってください。必要な装備やコースなどについてメールなど交わすうちに、お互いの技量や経験の度合いも分かってくるでしょうから。

　そうやってできた計画書は家族に渡しておき、全航程を終えて陸に上がったら、必ず一報を入れるようにしておけば、無用の心配をかけなくてすむようになります。

　これで最終段階終了です。蛇足ながら言うならば、「プランニングというのは実に楽しい作業」なのです。私は計画を立てるときには必ず地図を見ますが、それに自分の行動を落とし、それからおもむろに、やりたいこととできることとの融和を図りながら、想像を膨らませていくのはいい時間です。

　もうひとつの楽しみは、計画と実際の行動との照合です。計画ではこう思っていたものが、良いも悪いも含めて、実際にはその通りにいかないことなどしょっちゅうあります。それを振り返りながら、記録を整理、思い出を反芻していくのは、次のプランニングの役に立ち有益です。

「計画書を作ればひとつの旅で二度楽しめます。こんないいことをしない手はないでしょう」というのは、私の著作『山・岩・沢・雪』からの引用です。海旅でも同じことで、これにつけ足すことも差し引くものもありません。

海旅の発想

　先に海旅でのテーマのことに少しだけ触れましたが、テーマはそれぞれの興味、感性そして実体験などをもとに決められ、こうして幅広い旅の発想ができるようになると、より深い海旅が味わえるようになってきます。さらに加えるならば、訪ねる先の歴史や地誌、民俗などの予備知識を仕入れておくのも、よりよい旅をするコツかもしれません。どうせ行くなら遊びつくせ、こういうことに欲張りなのは悪くないですね。

　第2章「海旅紀行」で記す「知床半島周回」「石西礁湖を渡り西表島一周」とか「利尻・礼文水道縦断」「五島の教会を訪ねる」「佐渡島一周」などは、これまでの私のテーマですが、テーマと行動がぶれなかったので、それぞれに思い出深い充実した海旅になりました。ここまでハードルを高くしなくても「海を漕いでビールを飲む」「無人島でキャンプ」だっていっこうにかまいません。好奇心と探求心さえ失わなければ、海は無限の広さをもって私たちを迎えてくれるでしょう。

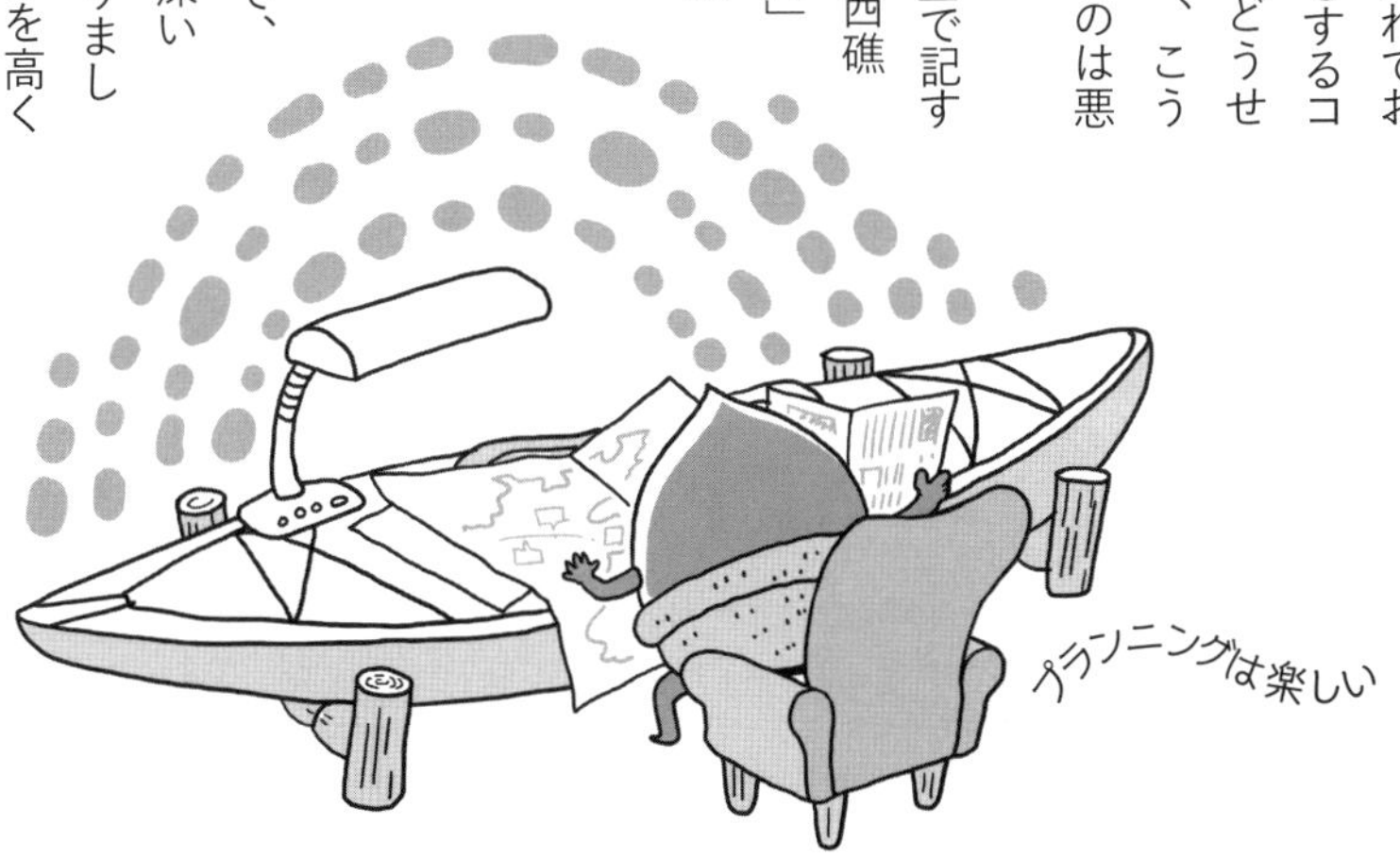

Essay❷
私の海旅

海へ出よう

カヤックを手に入れたなら海へ出ることを勧めたい。カヤックを漕いで進むこと自体はむつかしいことではない。でも、海旅ではとても長い距離を行くので、持久力や忍耐が必要となってくる。それに、気象の変化、海況、潮流、航行のルールなどおぼえることも多くあり、これらの知識がなければ海は危険なものとなる。

海に出るには、まず確かな知識と技術、経験をもった人について教わるのが早道だが、その前に専門誌などであらかじめ予備知識を得ておくことも欠かせない。ある程度、知識があると指導してくれる人の評価もできるが、その知識に拘泥しては人を見誤ることになりかねない。教える人がリバースストロークをバックと呼ぼうと、後ろに漕げと言おうとどうでもいいことなので、要はどの状況でどう行動するかを判断し、命にかかわるコアの部分を正しく伝えてくれる人ならそれでいいのである。知識が経験で裏打ちされれば力となり、成長していくその過程は教える者、教わる者、双方のよろこびとなる。

荒れる対馬の海

海の旅では、登山などよりいっそうきびしい自然現象に遭うことがある。対馬では風に押し出され、戻るチャンスを失って沖に出た。うねりは高く、千波にひとつ来るという一発大波の後面に二艇のタンデム艇が縦にはりついていたと僚艇は言う。小さなビルほどの高さに岩壁を駆けあがり砕ける波頭を見ながら延々と漕ぐ。その切れ間に湾をのぞむが、狭い湾口は押し寄せる波で異様に盛りあがり、逃げこむことも許されなかった。海のエネルギーは計り知れなく強大で、その手をゆるめてくれることはない。

だから私たちは、海へ漕ぎだす前に、これからおこることを十分に考え、予測しなければならない。また、どのような状況でも漕ぎ抜くことができる体力や技術は、予想外のことがおこったときに危地を脱する力になる。対馬では5時間近く漕ぎつづけて、ようやく安全な港へと入ることができた。

私は、ことさら海の怖さを強調したいわけではない。むしろ、こうした怖さや危険から目をそらさず、正しく認識することで安全や楽しみ、豊かさを得ていきたいと思うのである。極北のイヌイットたちはアザラシの皮でつくったカヤックで極寒の海へと漕ぎだし猟をした。沖縄の海人(うみんちゅー)たちはサバニとよばれる小舟を操って遠くフィリピン沖まで漁に出かけたと聞く。四方を海にかこまれた国に住む私たちが、海から遠ざかって暮らすのはいかにも残念なことに思えてならない。

カヤックは小さく頼りなく見えるが、高い運動能力と安定性をもっている。その力を信じ、生かして広い海原を自由に旅したい。

§7

海旅と気象

気象と海象

ファルトボートで海を行くと、うねりを足に感じ、よくもまぁ、こんな薄い布1枚で我が身が守られるものだと思うのです。海が平穏であってくれたなら何事もありませんが、いったん荒れ始めると、沈の危険性が増し、なかなか平静ではいられません。自分の命を守るためにも、気象や海象の知識は海旅の必須科目で、その判断は冬山登山以上にシビアでなければならないと私は思っています。

天気の悪い日は漕ぐもんじゃない

見出しで結論を言ってしまいました。シーカヤックで行く海の旅はこの一言です。強い風が吹き、三角波に翻弄される自分の姿を想像してみてください。そんなところで木っ端舟に乗っていたいですか。私の答えはノーですが、判断ミスや局地的な悪天に見舞われ、図らずも何度かそんな目に遭ったことがあります。その乏しい経験から最低限の気象知識と情報のとり方、そしてその活用方法などを述べていきたいと思います。

いかに速く漕ぐか、どんな優れた装備を持つかなどということに比べると、気象など地味で決して面白くもない話です。でも、海旅の成否を決めるとても重要なファクターなのです。これも一朝一夕に身につくものではありませんが、山や海など自然の旅をするのなら少し関心をもってもらって、天気の変化が皮膚感覚で分かるまでになってほしいと思うのです。

お天気姉さん（兄さん）のファンになろう

どんな知識や知見も、あるレベルまで達することはさほど難しいことではありません。できない人は自分でバリアをはって、そこから出ようとしないことが多いのですが、気象の入門は簡単なことです。テレビのニュースや報道番組に刺身のつまのように添えられる天気予報、これを見るだけです。色々な気象予報士がテレビで解説してくれます。これがなかなか有益なので意識して見るようにしてください。ただ、

好天と悪天のキーワード

	好天	悪天
春	移動性高気圧 帯状高気圧	移動性（温帯）低気圧 （爆弾低気圧・二つ玉低気圧・**春一番**）
夏	梅雨明け10日 太平洋高気圧	梅雨（梅雨前線・停滞前線）／集中豪雨 （局地的・記録的）／熱帯低気圧（夏台風）
秋	移動性高気圧 帯状高気圧	熱帯低気圧（台風）／秋霖（秋雨前線・停滞前線）／ 移動性（温帯）低気圧（爆弾低気圧・二つ玉低気圧・**木枯し1号**）

春を告げる嵐
冬の終わりころ日本海低気圧が大発達すると、それに向かって強い南風が吹き込み大荒れとなる

冬の知らせ
秋の終わりころ低気圧の通過後に一時的に西高東低の冬型気圧配置になり、強い北西風が吹く

特徴的な好天と悪天の天気図（イメージ）

帯状高気圧

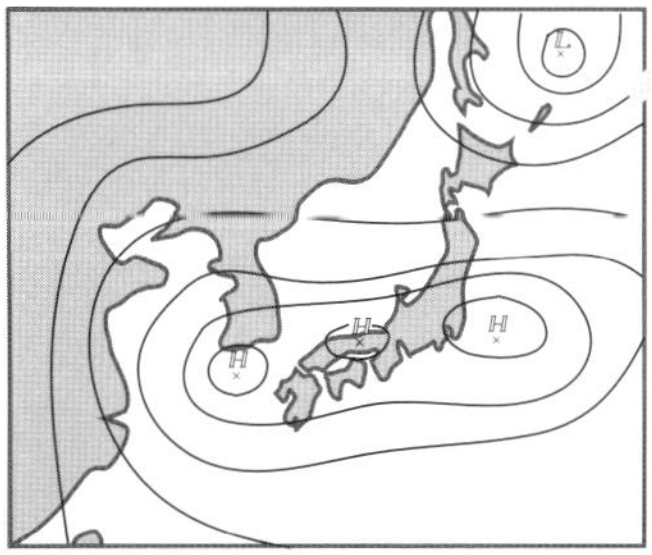

大陸からやってくる高気圧が東西に長かったり、複数の高気圧がつらなるもの。好天が長くつづく。次の低気圧が来るまでに出かけよう！

爆弾低気圧

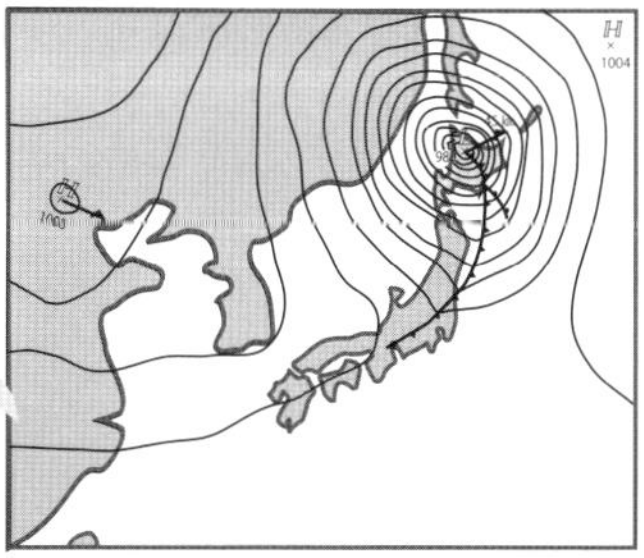

北緯40度で気圧が24時間に17.8hpa以上下がるような急速に発達する温帯低気圧。発達しながら速度を上げていくので、通り過ぎて海が凪ぎるまで待とう。北海道は大荒れ、東北もしばらくは強風域にある。

梅雨前線

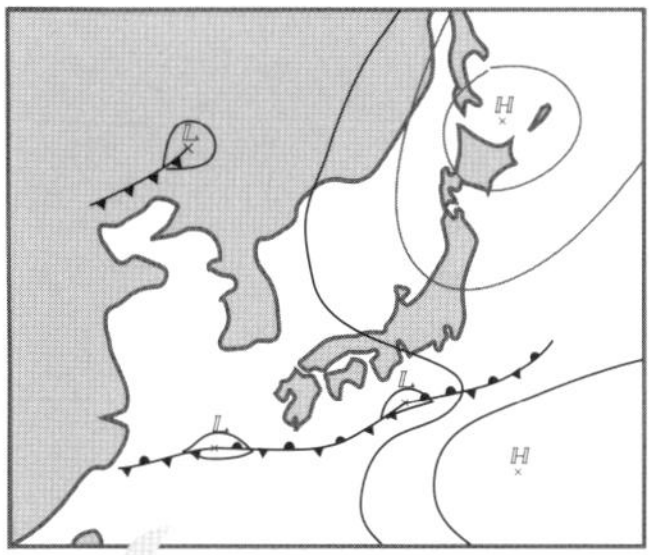

梅雨前線の北と南では、高気圧の性格が真反対で、北はクールでドライ、南はホットでウェット。北海道には梅雨がないといわれ、東北など北の海を漕ぐなら、案外この時期がいいかもしれない。停滞前線から北200kmほどは雨となり、前線上を低気圧が通過するときは、さらに雲が発達して荒れる。

二つ玉低気圧

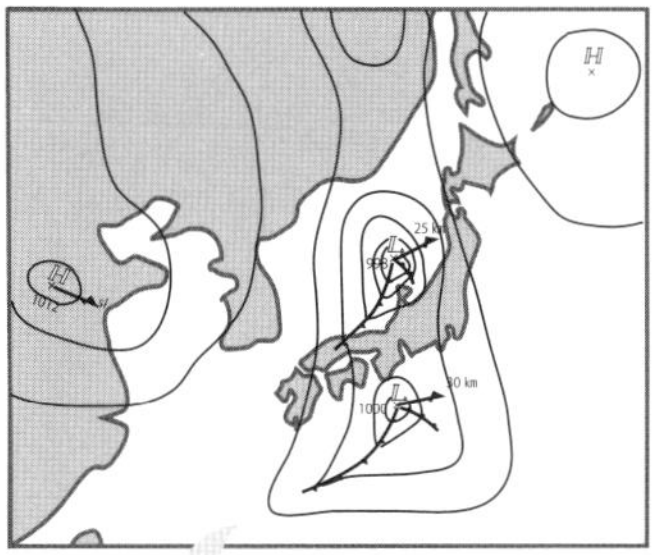

日本海側と太平洋側に2つの低気圧が生まれ、本州をはさむように発達しながら進む。日本全国ほぼ逃げ場はない。接近が分かっていたら海に出てはならない日だ。

台風

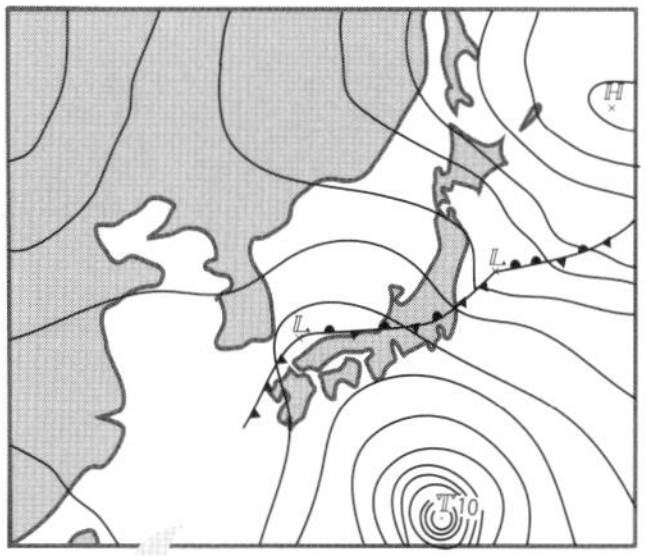

低緯度の海上で発生する熱帯低気圧で、半径が数百キロ以上に及ぶ巨大な雲の渦。春から秋にかけて年間30個ほど発生するが、季節によって進路が変わる。太平洋側はうねるものの、日本海側は静かなこともある。ただ、湿った風が停滞前線に吹き込めば大雨になる。本州横断後に温帯低気圧に勢力を落としてからも要警戒。

ネットのブログ記事と似て玉石混淆。番組によって役立つ度合いにはかなりの差があります。選ぶ基準は気象予報士の美貌やイケメン度やパフォーマンスでなく解説の中身によります。比較的詳しい天気図があり、それにそった説明をしてくれるかどうかが最低基準で、もちろん予報の当たりはずれも評価して気に入ったものを1〜2選んでおきましょう。

　以前は、自分で漁業気象を聞きながら天気図を描いたりしていましたが、今の天気予報は高層寒気の強弱とか勢力範囲、今後の動きなど、天気図からうかがい知れないことまで教えてくれます。また、リアルタイムで送られてくる気象衛星ひまわりの画像など、テレビやインターネットで惜しみなく提供されるこれらの情報を活用しない手はありませんし、素人判断では及びもつかない正確さです。

　テレビの天気予報を見ることを習慣づけておけば、天気図の表現の意味や季節ごとの気象特性が、次第に分かってくるようになります。加えて気象関係の本を1冊でも読みこなしたならば、よりいっそうその説明するところが理解できるようになるでしょうし、天気読みのベースができてきます。

季節ごとの天気を知ろう

　ここでは、ごく簡単に春から秋にかけての季節の特徴と、海旅をする上で危険な気象、好適な気象のキーワード(別表)をあげておきます。極寒期には私は海に出かけないので、冬の気象は割愛しましたが、パドルの滴も凍るような中でも漕ぐマニアックな人もいるようです。そうしたい人は別途、冬の天気を研究してみてください。

①春(3〜5月)

　春と聞くと穏やかなイメージをもちますが、その実、けっこう荒れる日が多いのです。「春に3日の晴れ間なし」という言葉は、移動性の高気圧と低気圧が交互にやってくることを表しています。この温帯低気圧は前に温暖前線を、後ろに寒冷前線を従えて、発達しながら日本を西から東へと通過していきます。その通過するコースや特性によって名前がつけられますが、黄海や台湾付近、日本海などに低気圧が発生したら要注意です。そのコース、速度、強さ(発達の程度)など見ながら行動を考えなければなりません。嵐がくるまでに切り上げるか、通り過ぎるのを待つか迷うところですが、待ってしくじることは少ないようです。

　低気圧が通過すると、替わって高気圧がやってきます。このときがチャンスですが、低気圧通過後に一時的に冬型の気圧配置にもどって、山は雪となり、海上に強い風が吹くことがあります。春に冬型は長くつづかないのですが、上空寒気の強弱と等圧線の込み具合をみて判断を誤らないようにしてください。等圧線が狭い間隔で縦に並ぶと強い北西風が吹きます。その等圧線が緩んで高気圧の勢力圏内に入るとカヤック日和となります。この高気圧も2〜3日で通り過ぎていきます。でも、まれに帯のように連なることがあり、このときはチャンスで数日間の好天が期待できます。瀬戸内あたりの海では、のたりのたりとした穏やかな水面に浮島を見ることでしょう。

悪天の主　低気圧を知ろう

低気圧の進行方向のどの位置にいるかで、天気はずいぶんちがってくる。Aのカヤッカーは⦶→◎→⦶。Bのカヤッカーは⦶→◎→●→◎→●→⦶という天気の変化を体験するだろう。Cのカヤッカーは晴れか曇りのうちに海旅を終えることになる。(⦶晴れ・◎曇り・●雨)

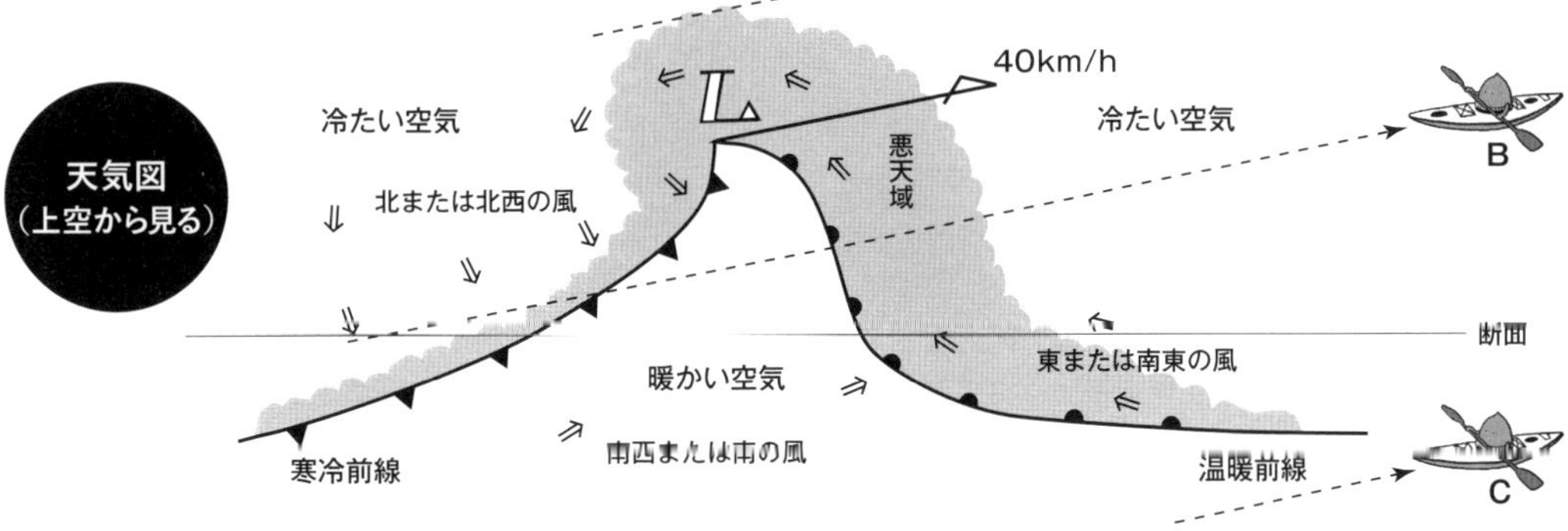

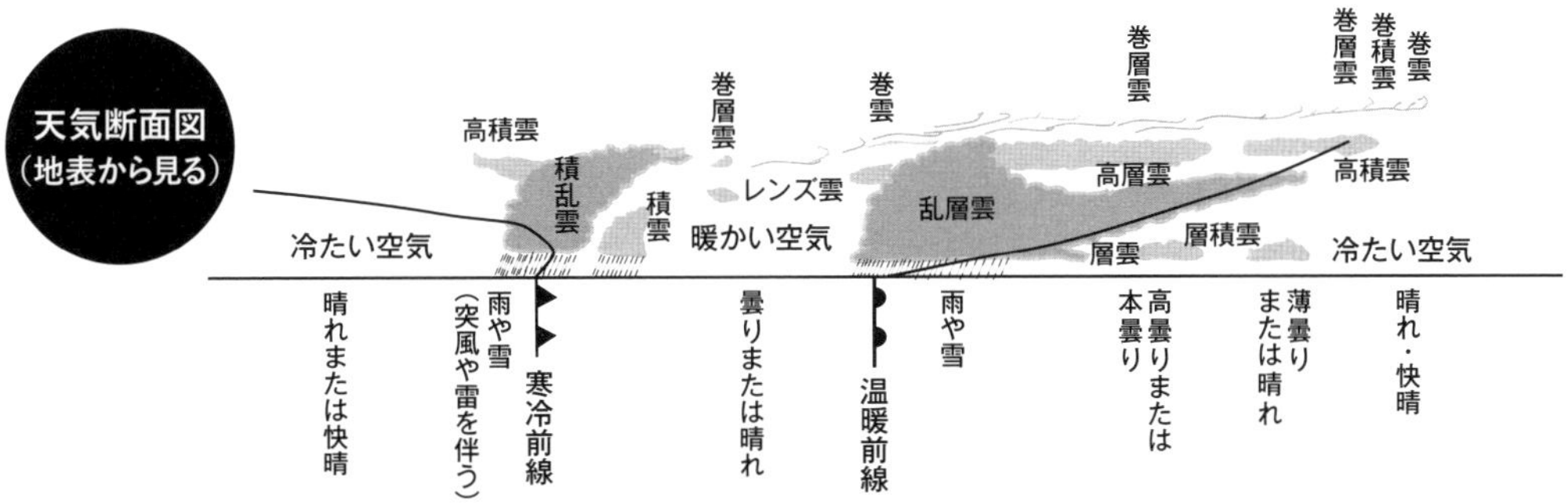

雲をどう読むかということが観天望気にほかならない。(風や気温を読むのもあるが、ここでは触れない)

B地点のカヤッカーは空の高い所に巻雲(すじ雲)や巻積雲(うろこ雲)を見るようになる。その内に巻層雲(うす雲)が広がっていつしか太陽にカサがかかりだす。これが悪天のシグナルで天気はゆっくりと下り坂に向かう。やがて薄曇りの空に高積雲(ひつじ雲)の群れが現れ、さらに低い雲の土手、高層雲が広がってくると間もなく雨をもたらす乱層雲におおわれてしまう。雨はおだやかだが長く降る。この温暖前線が通過すると天気は回復したかのように雨はやみ、曇り空に薄日がさしたりするが警戒を解いてはならない。その後には、時間は短いがより強い雨をもたらす寒冷前線がひかえていて、再び雨に見舞われる。後の寒気が強ければ雷や突風をともなうこともある。寒冷前線が南北に立つようだったら、そのスピードは速いので、通り過ぎるのを待つのが賢明だ。通過後は一気に気温が下がり、一時的に冬型の気圧配置になることもあるが、春・秋は回復が早く青空が広がってくる場合が多い。

Aの地点にいても同じように高層雲から中層雲を見るが、低気圧の中心は南にそれるのでBのような天気の変化に遭うことはないだろう。だから、観天望気は天気図を頭において行わなければ、判断を誤ることになる。

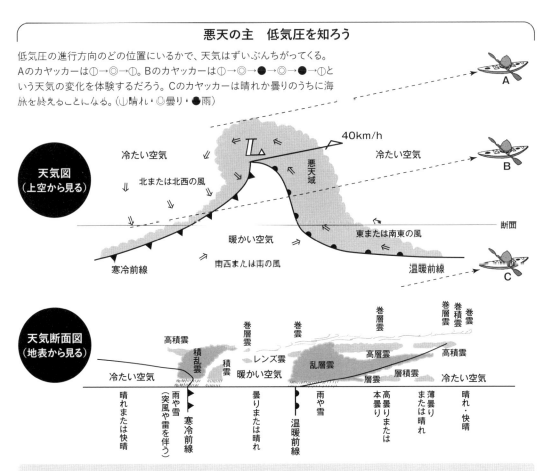

低気圧の一生

①発生

黄海・台湾沖・東シナ海・日本海などで発生

②発達

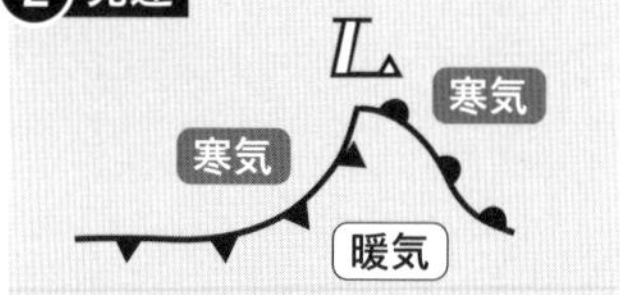

九州、本州、北海道へと進むにつれ、発達していき

③最盛

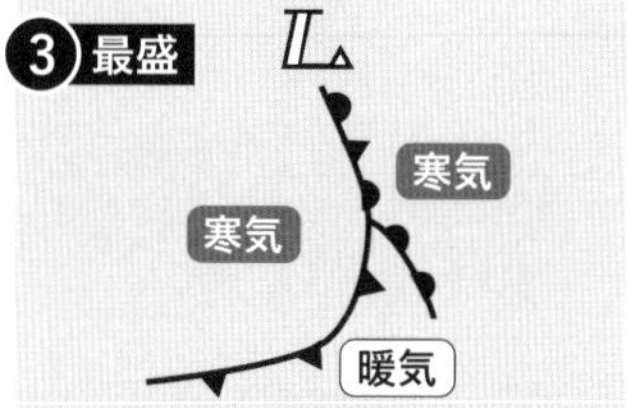

寒冷前線が温暖前線に追いついて、閉塞前線が生まれ、最盛となる

④衰退

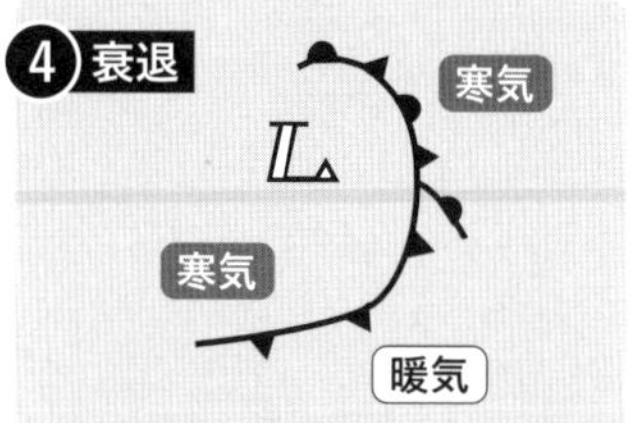

閉塞前線が低気圧の中心から離れ、衰えていく

②夏（6〜8月）

春から夏に移るとき、北の冷たいオホーツク高気圧と南の暖かい太平洋高気圧のせめぎあいがあり、南に北に押し合うので、そこに停滞前線ができます。これを梅雨前線と言い、前線下ではじめじめとした天気がつづきます。しかし、前線が本州南岸あたりに横たわっているとき、北海道や東北はけっこう穏やかなことが多いので、梅雨の時期にこのエリアをねらうのはよいかもしれません。

やがて南の太平洋高気圧が力を増して、前線は北へ押し上げられます。夏の訪れです。「梅雨明け10日」間は好天になると言われ、この時期に山や海のプランを立てる人が多いのですが、「戻り梅雨」「長梅雨」ということもあるので盲信は禁物です。

日本全土が太平洋高気圧におおわれる夏の盛りはシーカヤックの一番楽しい季節、大いに出かけましょう。でも注意すべきことがいくつかあります。まずは、地上が暖められて発生する局地的な積乱雲。雷をともない、激しい雨や風に見舞われることがあります。比較的短時間に通り過ぎるので、陸に上がり安全な場所で待機しましょう。ウインドサーファーへの落雷事故もあるようで、海上での雷は怖いです。

もうひとつ危険なものは夏台風です。多くは太平洋高気圧に進路をはばまれて、西のフィリピン方面に進み、本土に上陸することは稀と言われていましたが、最近はそうでもないですね。接近すれば海も山も危険です。特に海では、はるか南方にある台風が土用波と言われる高いうねりを送ってきます。サーファーが「北緯20度の誘惑」と呼ぶ大波は、台風が北緯20度を越えるとやってくるようです。サーファーにとって誘惑であっても、シーカヤックにとっては迷惑、特に太平洋岸はその影響が大きいので注意してください。

また、案外に見落としやすいのは、太平洋高気圧の西端の天気です。この部分は丸い形を描いて等圧線が引かれますが、この間隔が狭いときは比較的強い南風が吹きます。特に本州に気圧の谷や前線がある場合は、そこに向かって湿った空気が送り込まれるので、雨・風ともに要注意です。

③秋（9〜11月）

秋、一番警戒すべきは熱帯低気圧で、最大風速が秒速17・2メートルを超えると台風と呼ばれます。年間20〜30発生し、秋は本州に接近するものが多くなります。台風のとき海に出るのは無謀と言っていいでしょう。

また、秋は夏から冬への過渡期で、梅雨と同じように前線が停滞することがあります。これが秋雨前線で、このときを秋霖《しゅうりん》と言います。その後は春と同じように低気圧と高気圧が交互にやってくるようになるので、高気圧の下、秋晴れの日に漕ぎましょう。

低気圧の通過後、強い寒気が入り込むと一時的に西高東低の冬型気圧配置になって木枯らし1号が吹きます。そうすると間もなく北のほうから初雪の便りが聞かれるようになり、私はカヤックをしまいスキーを取り出すのです。

天気のとらえ方

季節ごとの気象の推移はおおよそ以上のようなことですが、シーカヤックに出かける日の天気はどうつかめばいいのでしょうか。天気予報は「何月何日、晴れ」というような表現になりますが、その日の0時から24時まで、まるまる晴れというふうに錯覚していないでしょうか。天候は「何日は晴れとか雨」とかいうのではなく、気圧配置の推移でとらえるようにしてください。

海旅では「今は晴れているが、低気圧が接近しているので午後からは次第に曇って夜には雨になるだろう。今日は早めに漕ぎあがって雨に備えるが、この低気圧の足は速いので夜明け前からは回復に向かうはず。明日はその回復具合いを見ながらの判断になるから、出発は少し遅めでもいいか」というような推測をします。そして、その裏付けは観天望気ということになります。空を見上げ雲を観察し、風を感じながら、自分が把握している天気の変化と実際の自然現象の動きが合致していくかを判断するのです。それには低気圧の接近にともなって、どのような雲がわくかを知っておく必要があるので、概略を図のように表してみました。天気の崩れの大小、回復の早い遅いを自分の目で確かめることになります。天気図と予報、そして観天望気の3回路をつなげば、気象を見る目の確度は高まり、勘が冴えてきます。

もうひとつ、インターネットの天気情報は特効薬になります。パソコンからでもスマホからでも見ることができ、気象庁やウェザーニュースをはじめ、いろいろなサイトがあります。私はもっぱらウェザーヤフーを用いていますが、天気だけでなく「雨雲の動き」「波予測」「風予測」など現地で有用な気象情報が得られます。ただ、副作用があって、そこに起きる現象の把握にきわめて有効であっても、天気の大きな流れを読む力にはつながりにくいということです。前に述べた天気図、予報、観天望気の3回路をつないで働かせながら、さらにこれらの気象サイトを用いてリアルタイムの天気をつかんでいくのが、互いを補完しあういい方法だと思います。これは地図読みとGPSの関係に似ていますね。地図も天気図も「読む」のです。それを見ながら、知識や経験に裏打ちされた想像力をどこまで働かせることができるか、これが読むということの中身です。

ちなみに私がよく使う気象関係のサイトやアプリと用途をあげておきます。

□ウェザーヤフー
（天気の推移と風・波・うねりの予想）

□気象庁とウェザーニュース
（ヤフーの予報が怪しいと思うときの情報補強）

□WINDY
（現地での風・波の把握）

※Proは有料

天気俚諺と漁師

天気図や天気予報などの科学的な手法ではなく、その土地土地の天気を占う諺《ことわざ》があります。これを天気俚《てんきり》諺《げん》と言うそうです。「夕焼けの翌日は晴れ」「燕《つばめ》が低く飛ぶと雨」などは全国区ですが、「○○山に雲がかかれば雨になる」とか「沖合の風が北から西へ変われば晴れ」とかいったその地方だけに通じるものもあります。科学的に説明がつくものもあれば、つかないものもありますから鵜呑みにはできません。でも、漁師から「ほれ、あの島に雲がかかってきたから雨になるぞ、早う帰れ」などと言われたらそうしないといけないかのように思ってしまいます。これも天気の推移の中で考えればいいのですが、局地的に荒れることもあるので判断を迷うことになります。そう教えてくれた漁師の船が港へ帰っていくようなら、私もすぐに退避・上陸を考えるでしょう。近くで漁をする小舟があることは心強いものです。「沖に漁船があるなら、しばらく海は荒れない」――私個人の天気俚諺です。

気象を知って穏やかな日に

良い天気をつかんで、海の穏やかな日に漕ぎましょう。荒れる海でもロールで立ち直って漕げる人もいますが、悪天と知って出ていくというのは、海旅の観点からは匹夫《ひっぷ》の勇《ゆう》というものです。それでも長い海旅では天気の良い日もあれば悪い日もあります。それを予測するのは当然のことで、旅の成否だけでなく、安全に深く関わってきます。

気象を知って穏やかな日に……安航を。

Essay❸
私の海旅

散々な日

ずいぶん昔の話で恐縮だが、私は42の厄年のとき、南西諸島の奄美大島から横《よこ》当《あて》島を目指して東シナ海を漕いでいた。屋《や》鈍《どん》の漁港を出てから4時間は漕ぎ進んでいただろうか、海上は強風波浪注意報が出ていて、うねりは2〜3メートル。徳之島から奄美に渡ったときは4メートル以上あったからそれよりも低いものの、アラバエの強風圏の中にあって波の頭が砕けるので始末が悪い状態だった。腰をひねったり、巻く波頭をブレードで押さえたりしながら、デッキをかまれないようにしていたのだが、リカバリーも空しくついにやられてしまった。

反転して覗いた海の中は淡いエメラルド色、底の知れない深みへと私のかぶっていた帽子が沈んでいくのが見えた。それは、あの救いようのない映画「オープンウォーター2」で女性が沈んでいく姿とオーバーラップする。帽子は母が作ってくれたもので、私の身代わりになってくれたのかもしれない。その帽子を海底へと見送り、沈脱して浮き上がった。波が立ち、砕ける波頭を風がもぎ取っていくのが見えた。パドルをもったままカヤックを起こすと、コックピットの中をまさぐり、ループにしたシュリンゲを取り出しコーミングにかける。私のカヤックの師匠でたった一人の同行者、藤田敬一郎さんが漕ぎ寄せ、カヤックの反対側を押さえて私の

乗り込みを助けてくれた。海面はうねり、波は砕けている。一度で決めなければさらに水が入り、再乗艇はいっそう困難になるにちがいない。波の来るタイミングを計りながら、アブミにしたシュリンゲに足をかけ、デッキに一気に乗りあがり体を反転させてコックピットに滑り込んだ。私がビルジポンプで水を汲み出す間もずっと支えつづけてくれる藤田さんがいなければどうなったか分からない。横当島まで半分近くは来ていたと思うのだが、私の沈をきっかけにこれ以上は無理と判断し引き返した。

さらに3～4時間、荒れる海を漕ぎつづけ奄美大島の北岸へともどったものの、そこで私はまたヘマをやってしまう。浅い岩礁を越えようとしてうまく波に乗れず、バウ（船首）を海底の岩に突っ込んだ。5メートルのカヤックは倒立し、私はまっ逆さまに浅瀬に放り出されてしまった。怪我はたいしたことはなかったのだが、バウに大穴があき、荷物入れと浮力体を兼ねた隔室は海水で満ちていた。幸い浅瀬で足がついたので、重い水舟を引いて岸に上げ、水出しをした。バウにあいた大穴はガムテープでふさぎ、さらに名瀬まで漕いだ。藤田さんに申し訳ないと思いながら、これが厄というものか、それにしてもよく助かったという気持ち。

散々で危うい日だったが、こんな日もあるものなのだ。それでも私は運良く死神の手招きから逃れたと言える。何日後か忘れたが、私がカヤックを壊した海岸で、地元の人が鮫に襲われて亡くなったことを新聞が報じていた。死は非日常と日常の区別なく忍び寄ってくるもののようだ。

§4 海象と海図

海で出合う様々なこと

海では普段の生活では出合うことのない様々な事象に遭遇します。第一、あんな小さな舟で果てしない海に浮かんでいられる、そのこと自体が不思議なような気がしませんか。漕ぎ進めば、海の表情は刻々と変化して、いつも同じということはありません。風や波、そして潮の動きによって、同じ海を旅してもその時々で印象はまったく違ったものになります。

ここでは、海で出合うこうした様々な海象を、気象と地形の関係でとらえてみようと思います。そして、それがどう海図に表現されるのかを知れば、カヤックで行く海旅の楽しみも安全も増すのではないでしょうか。

海旅に出る日

天気の流れをつかむことは前回に書いたとおりで、ここで話すのは当日のこと、現場でのことです。山では降水(降雪)の有無が一番の関心事になりますが、海の場合は風で、シーカヤックで一番、心に留めなければならないのはこの風です。

気象庁風力階級は図1のとおり説明しています。では、風力5とはいったいどんなものなのでしょうか。白波が立つ海の様子が即座に目に浮かぶようなら、風力と風の速さ、海面の状況が一本の線で結ばれるまでになっていると言っていいでしょう。学校の勉強ではないので、表の細部まで覚えることはありません。あの危ない目に遭った日の風はどのくらい強かったのだろうか、自分はどの状況まで漕げるのだろうか、そういう目安にしてください。

風

陸地を遠く離れた海上で強い風に吹かれるのは本当に恐ろしいもので、風は波を起こしカヤックを翻弄します。でも、気象状況を知って何によって吹く風かが認識できれば、その限界も分かるので、いたずらに恐れることはありません。向かい風は強敵ですが、追い風は時として味方になってくれます。

夏には、夜から夜明けにかけては陸風が、昼間から夕方には海風が吹き、陸風は岸辺がおだやかで、海風は反対に岸辺が騒ぎます。早朝と夕方の一時、それらの風が止んで凪《なぎ》になります。未明に起きて、朝凪の間に距離を稼ぐ、難所を越えておくという計画は妥当です。また、アゲインストの風にがむしゃらに向かうのではなく、夕凪を待つという選択もあります。サンライズ、サンセットの両方を眺めながら漕ぐような一日があってもいいでしょう。

河口や山の凹部など、地

形によって強く吹き出す風もあります。知床半島の「ルシャ出し」、琵琶湖の「比良《ひら》颪《おろし》」など固有の名前がつけられたりします。そんな場所では風が束になって吹き抜けることがあり、多くの海難、水難事故が起きています。

いずれにしても風はカヤックにとって留意すべき相手に違いありません。その動静を見ながら出航するかどうか、第一の判断基準にしてください。

波

波は風の子で、しばしば共に現れます。瀬戸内海の春の日など、鏡のような水面を毛羽立たせながら、風が通り過ぎていくのを見ることがあります。これはのどかな春の海の一こまですが、低気圧や寒冷前線の通過時

図1 気象庁風力階級（ビューフォート風力階級表）

風力階級	風力記号	地上10mにおける相当風速（m/s）	説明		風の名称
			海上	地上	
0		0.0～0.2	鏡のような海面	煙はまっすぐに昇る	平穏
1		0.3～1.5	うろこのようなさざ波ができるが、波頭に泡はない	風向きは煙がたなびくのでわかるが、風見には感じない	至軽風
2		1.6～3.3	小波の小さいものでまだ短いが、はっきりしてくる。波頭は滑らかに見え、砕けていない	顔に風を感じる。木の葉が動く。風見も動き出す	軽風
3		3.4～5.4	小波の大きいもの。波頭が砕け始める。泡はガラスのように見える。所々に白波が現れる	木の葉や細い枝がたえず動く。軽い旗が開く	軟風
4		5.5～7.9	波の小さいもので、長くなる。白波がかなり多くなる	砂ぼこりが立ち、紙片が舞い上がる。小枝が動く	和風
5		8.0～10.7	波の中くらいのもので、一層はっきりして長くなる。白波がたくさん現れる（しぶきを生じることもある）	葉のある潅木が揺れ始める。池や沼の水面に波頭が立つ	疾風
6		10.8～13.8	波の大きいものができ始める。いたる所で白く泡だった波頭の範囲が一層広くなる（しぶきを生じる）	大枝が動く。電線が鳴る。傘はさしにくい	雄風
7		13.9～17.1	波はますます大きくなり、波頭が砕けてできた白い泡が筋を引いて風下に流れ始める	樹木全体が揺れる。風に向かっては歩きにくい	強風
8		17.2～20.7	大波のやや小さいもので長くなる。波頭の端は砕けて水煙となり始める。泡は明瞭な筋を引いて風下に吹き流され始める	小枝が折れる。風に向かっては歩きにくい	疾強風
9		20.8～24.4	大波。泡は筋を引いて風下に吹き流される。波頭はのめり崩れ落ち逆巻き始める。しぶきのため視程が損なわれることもある	人家にわずかの損害が起きる（煙突が倒れ、瓦がはがれる）	大強風
10		24.5～28.4	波頭が長くのしかかるような非常に高い大波。大きな固まりとなった泡は濃い白色の筋を引いて風下に吹き流される。海面は全体として白く見える。波の崩れ方は激しく衝撃的になる。視程は損なわれる	陸地の内部では珍しい。樹木が根こそぎになる。人家に大損害が起きる	全強風
11		28.5～32.6	山のように高い波（中小船舶は一時波の陰に見えなくなることもある）。海面は風下にできた白色の泡の固まりで完全におおわれる。いたる所で波頭が吹き飛ばされて水煙になる。視程は損なわれる	めったに起こらない。広い範囲で破壊を伴う	暴風
12		32.7以上	大気は泡とみずしぶきが充満する。海面は吹き飛ぶしぶきのため完全に白くなる。視程は著しく損なわれる		台風

に起きる波はおだやかではありません。
　その場に吹く風によって起こる波を風浪《ふうろう》と言います。風の吹く速度、時間、吹走距離に比例して波は高くなるという理屈のようで、瀬戸内海で北風が吹けば四国側の波が高く、南風なら山陽側が波高くなります。短い周期で上下し、風が強いと白波が立ち、漁師たちは兎《うさぎ》が跳ぶとか白馬が走るとか言います。入江の奥にいると、この白波が見えず、漕ぎ出して入江から出たとたんに兎の群れに取り囲まれるということもあります。出る前には、沖あいの水平線を、目をこらして見るようにしましょう。もし、その水平線が鋸の歯のようにぎざぎざになっていたら、そこはきっと強い風が吹き、波立っているにちがいありません。
　風浪は波の高さに対して波長が短いので、小さなカヤックを不安定にします。特に三角波と呼ばれる不規則な波は、河口や海峡などで潮や海流が流れる方向の反対側から風が吹くときなどに起こりやすく、また潮流がぶつかりあったり、岬の突端、島と島の間、海底の浅い所などに強い風が吹くと起こります。やっかいで危険な波です。波の高さ1メートルはたいしたことがないように思われますが、天気予報の波高は観測した波数のうち、高い方からの3分の1をとり、それを平均した「有義波高」になります。ですから、1メートルより高いものも低いものも混在するということです。真偽は知りませんが、百波に一つは1・6倍の高さの波が、千波に1波は2倍、数千から数万に1波は数倍の一発大波というものも来るようで、こいつかというような波に幾度か遭ったことがあります。また、地形や潮によって波が異常に高まる場所や状況がありますから、油断のないように。

うねり

　うねりははるか遠方の波が伝わってくるものです。自分のいる海域が高気圧におおわれ晴れていても、海面が大きくうねることがあります。湾や内海のように閉ざされた海域にはうねりは起きにくいのですが、外洋では、丸みをおびた山形の表面波があるのは常のことです。土用波に代表されるように、台風域から遠く離れた所でも大きなうねりが現れます。天気図に熱帯低気圧が描かれ、それが台風に発達するようなら要注意で、太平洋や東シナ海などではうねりが高くなってきて、北緯20度を越えたなら本州南岸も要警戒です。そのときでも日本海側はしばらく平穏なことが多いですが、台風の接近とともに、その通過後にも用心してください。台風が温帯低気圧に衰えた後にも、吹き戻しの風と共に長くうねりが残ることがあります。

　外洋のうねりは頭が崩れない限り4〜5メートルの高さでも漕げますが、うねりの前面ではバウを下にして小山を落ちるように運ばれ、うねりの峰が過ぎてその後面に入ると、後ろに引き込まれるように感じて、あまり気持ちのいいものではありません。

うねりのあるときに強い風が吹けば、風浪とうねりは一体のものとして体感されるでしょう。それらが合わさった状態を波浪《はろう》と呼ぶようですが、大きなうねりの頭が崩れて風で巻かれるようになると、カヤックのデッキにかぶさってきます。こうした波浪はカヤックを巻き込んでひっくり返す力をもちます。言うまでもなく危険な状態です。早急に近くの岸に上げなければなりません。

ところが、うねりの重大な影響はむしろ沿岸部に現れるので厄介です。砂浜では磯波が立ち、波頭は巻いて砕けます。サーファーにはいい波でしょうが、カヤックでそんな所に上陸を試みるのは避けたほうが無難です。逆に切り立った岸壁にはビルの高さほどに白波が立ち上がり、砕け散っていることでしょう。またその近くでは寄せ波と返し波がぶつかりあって複雑な波が立ち、危険です。狭い湾口や港の入り口なども、うねりが集中すると小山のように盛り上がって逃げ込めないこともあります。こんなときには、うねりの押し寄せる方向とは反対の浦へと逃げ込むほかはないように思います。トカラ列島の小宝島には南北2カ所に港があり、「こんな小さな島になぜ2つも?」と思ったものですが、風や波の押し寄せる方向に応じて、それぞれに避港するためだと教えられました。

図2に波とうねりの階級

「短く」	波長100mまで、周期8.0秒以下
「中位の」	波長100m～200m、周期8.1秒～11.3秒
「長く」	波長200m以上、周期11.4秒以上

波周期は、波の頂点から次の波の頂点がくるまでの時間で、波の頂点から頂点までの長さを波長という。水深が十分ある海域では波長は周期の2乗に比例する。周期が長ければ長いほど蓄えられるエネルギーも波速も大きくなる。

図2　波とうねりの階級表

気象庁風浪階級表

風浪階級	波の高さ(m)	説明
0	0	鏡のようになめらか
1	0～0.1	さざ波がある
2	0.1～0.5	なめらか、小波がある
3	0.5～1.25	やや波がある
4	1.25～2.5	かなり波がある
5	2.5～4	波がやや高い
6	4～6	波がかなり高い
7	6～9	相当荒れている
8	9～14	非常に荒れている
9	14～	異常な状態

気象庁うねり階級表

うねり階級	説明	波高(m)
0	うねりがない	
1	短くまたは中位の弱いうねり	2m未満
2	長く弱いうねり	
3	短くやや高いうねり	2m～4m
4	中位のやや高いうねり	
5	長くやや高いうねり	
6	短く高いうねり	4m以上
7	中位の高いうねり	
8	長く高いうねり	
9	2方向以上からうねりがきて海上が混乱している場合	

表を載せてあります。風力階級と合わせ見てそれぞれの状況がどういうものか、経験を通じて記憶を蓄えるようにしてください。そうすることで、予報を念頭において海を前にするとき、風、波、行動が一連のものとして思い浮かべられるようになってきます。私は濁流を見ると鼻腔に水のにおいと痛みを感じます。リバーカヤックで沈して危うかったときの記憶がそうさせるのでしょう。同じように、白波の立つ海を見ていると、エメラルドグリーンの海の中が目に浮かび、荒れる海を漕いで沈した恐怖がよみがえってくるのです。これは私の心の中の黄信号、大切にしています。

潮流と海流

潮の干満は太陽と月の引力の関係で、どんな日でも干潮、満潮の時間は計算で求められると言われても、そんな頭のない私は毎年発行される『潮汐《ちょうせき》表』や潮汐アプリを用いています。川の瀬のように流れる海があります。干満の激しい瀬戸内海や九州沿岸での潮は速く、鳴門海峡など最強時には10・5ノットで流れ、春の大潮などには恐ろしいほどの渦が生まれます。

潮汐はおおよそ6時間ごとに高潮と低潮をくりかえします。高潮から低潮に移る間は下げ潮（引き潮）、反対に低潮から高潮に移る間は上げ潮（満ち潮）となります。この潮の流れの方向が変わることを転流と言いますが、この転流時にしばらく流れが止まることを潮止まりとか憩流《けいりゅう》とか言います。潮はこの干満に応じてその流れの方向を変えるのですが、最満（干）潮のときからただちに転流するのではなく、1～2時間ずれこむときや場所がありますから一筋縄ではいきません。水路誌などに記されていることもありますが、すべてが分かるわけではありません。一番詳しいのは土地の漁師ですから、聞くチャンスがあったら教えてもらいましょう。

潮に乗るとパドルは軽く、カヤックは矢のように走ります。これに4～5メートルの追い風でもあれば最高でしょう。反対に逆潮になるとパドルは重く、苦労のわりにカヤックは進みません。逆潮に向かい風なら労多くして益なし。時を待ちましょう。瀬戸内海には潮待ち、風待ちの港がいっぱいあったのですから、これは海旅の理にかなった行為です。

海流は外洋を流れる海の川ですね。日本の近海を流れるのは黒瀬川とも呼ばれる黒潮と対馬海流の暖流。そして北からは親潮の寒流が入り込んでいます。これらは、沿岸を行く限りさほど考慮に入れることはないのですが、外洋や離島を漕ぐとき、海峡の横断などではその海域に応じて水路誌や海図などで調べることになります。潮流、海流とも流速はノット（kn）で表し、1

ノットは1・852キロ／時で、海図に記されているのは最強流時のものになります。

太陽

太陽は恵みであり、陽光を受けてきらめく水面や空と海を朱に染め上げる朝夕の景観は、シーカヤックの旅を印象深いものにしてくれます。ただ、真夏の太陽は強烈で、熱中症や日焼けへの対応は怠れません。その日差しは海面に反射して紫外線は倍になります。日焼けを防ぐために肌の露出は避け、目の炎症をおこさないためにサングラスをしましょう。また脱水状態や熱中症にならないよう、絶えず水分補給をすることが大切です。海の上では砂漠と同様にひどく乾くものです。

霧

海上に濃霧が発生すると視界が閉ざされます。三陸海岸では「やませ」の影響で霧がよく発生するようです。実際、松島から宮古まで280キロの海旅をしたときには、金華山手前で濃い霧に包まれ、行きかう漁船のエンジン音におびえながら漕いだり、碁石海岸沖では数百メートル先の陸地が見えず方向を失いかけたりしました。視界のきかない海上でも、山で言うリングワンデリング（知らず知らずの内に円を描いて元の場所へと帰ってしまう）をやりかねません。こんなときは、コンパスやGPSを用いて航程ロスをしないよう、また周囲に気をくばり、聞き耳をたてて、動力船の接近を察知しなければなりません。

地形と海況

地形と海況には深い関係があります。地形と海図を見て、その時々の風の通り道や波の立ち方を予想して危険を避けるとともに、島を防風壁にして風裏を漕ぐとか、逆潮の折に沿岸に生じる反流を利して漕ぎ抜くとか、状況に応じた応用ができるよう経験を積んでいきましょう。

□半島（岬・鼻・崎）

岬は荒れると私は思っています。岬の突端は風が巻き、潮と風がぶつかりあうこ

との多い場所です。また、岬からは海中に向かって尾根筋が延びているので浅くなっており、その沖に島や岩礁が多々見られるのはその証拠ですね。そうした島と岬の間にはカヤックを飲み込む罠が隠されています。白波が立っていたり、水面の奇妙な盛り上がりが見えたなら、そこには必ず浅瀬や岩が隠れていると見ていいでしょう。不用意に突っ込むとカヤックごと粉砕されてしまうことになりかねません。こんな場所はわずかな風や潮の動きで白波が立ちます。ひどく荒れて泡立つようなら、大きく回り込むほうが安全なように思います。

□崖

崖が連なる海岸線は迫力満点で、深く彫りこまれた海食洞窟や海鳥のコロニーが彩りを添えてくれます。海さえおだやかならこれらを一つひとつ訪ね巡って楽しめるのですが、荒れると波の泡立つ危険な場所へと変貌します。海岸に切り立つ崖の近くでは沖から寄せる波と岸壁に当たって返される波とがぶつかりあって複雑な波が立ちます。少し離れて沖あいを行くほうがベターだと思います。

その昔、ローマの水軍はカルタゴの攻略のとき嵐に遭い、荒れる海に恐怖した将官は水夫たちが諫めたにもかかわらず、船を岸に寄せるように命じて多くが難破、6万人が溺れ死んだと伝えられています。岸辺に近ければ安全だということでは決してないのです。

また、こんな場所で泳いだことのある人なら誰でも知っているのが、岩に張りつく藤壺や亀の手、牡蠣殻の鋭さです。カヤックで沈して、たとえ岸辺まで泳ぎついたとしても、待っているのはナイフをちりばめたヤスリのような岩肌なのです。沖あいなら、沈脱しても海岸に寄せられるまでに時間があるので助かる率も高まりますが、岸に近いとその余裕も与えられません。

□磯

うねりの高いときの磯では、磯波が大きくなり、巻いて崩れます。これに巻き込まれるとあっという間にひっくり返されてしまいます。砂浜はおだやかなときなら上陸に適した場所なのですが、磯波が立つときには近寄るものではありません。どうしても突っ込むというのなら、波の方向と波の低い場所を十分に観察し弱点を見つけましょう。磯波に運ばれだしてからの方向転換はまずできないので、進入路を決めたならスピードをつけてそのまま一直線に漕ぎ抜けるしかないように思います。失敗して砂をかんだこともありますし、運良く水際まで乗り上げて降りたとたん、次の大波にがぶられて自艇に体当たりされた苦い思い出もあります。

海図が教えてくれること

海図は基本的には動力船用に作られており、その用途も多様なので、熟知するには専門的に学ぶほかありません。§2の「海旅の計画の立て方」の中で、「海図から読み取れるカヤックで有用な情報は案外少ない」と書きましたが、少ないから重要でない、というわけではありません。海図に描かれる海況や地勢、記号を中心に、カヤックに役立つ部分を拾ってみようと思います。カヤックには海図を広げられるようなスペースもなく、行動域も狭いので、海図は、必要部分をコピーするとか、有用な情報を地形図などに転記して携行するといいでしょう。

□目標物（図3）

海の上を漂うとき、山や煙突、目立つ建造物などの陸上の突出物が目標になります。灯台や海上の浮標は海の安全を守る大切な標識です。カヤックにとってもいい目印となりますが、浮標が居並ぶ港口や、それらが誘導する大型船の航路は外して漕ぐ方がいいでしょう。

岸から遠く離れて振り返ると、自分がどこから出てきたか見失うことがあります。できるだけ遠方から視認できる目標物を覚えておくようにしましょう。漁師の言う「山立て」というのは、2つの目標物とその方位を覚えて、その交点で自分の漁場を特定するという知恵で

図3 目標物の海図図式

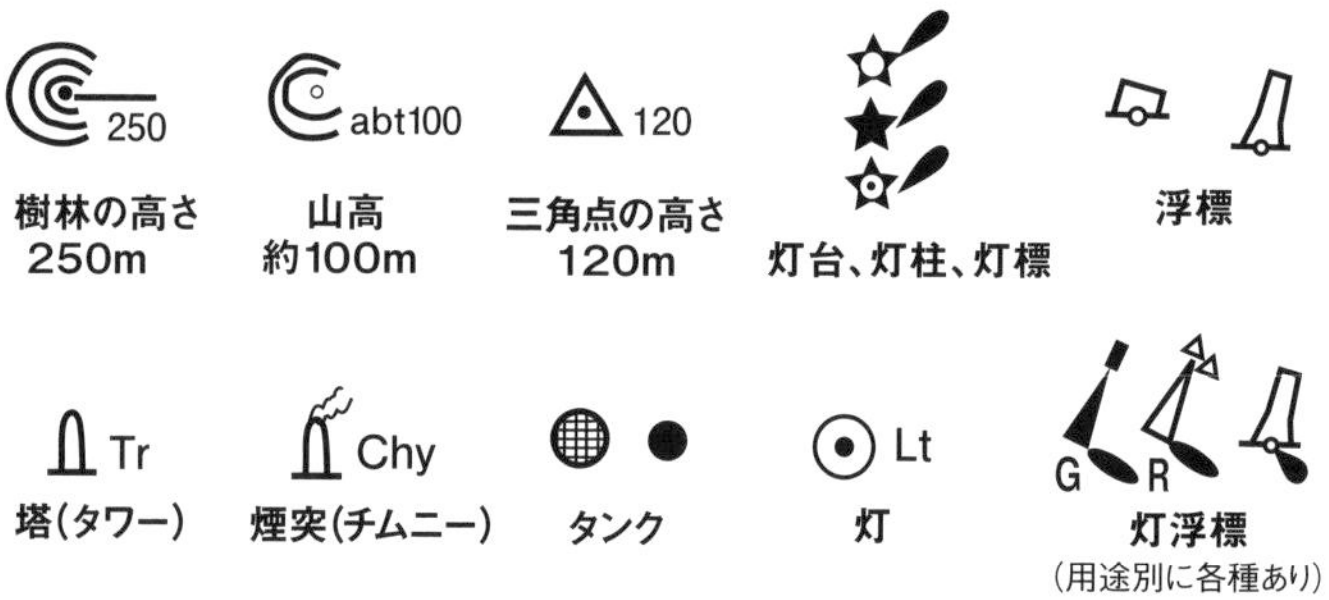

図4 海岸線の海図図式

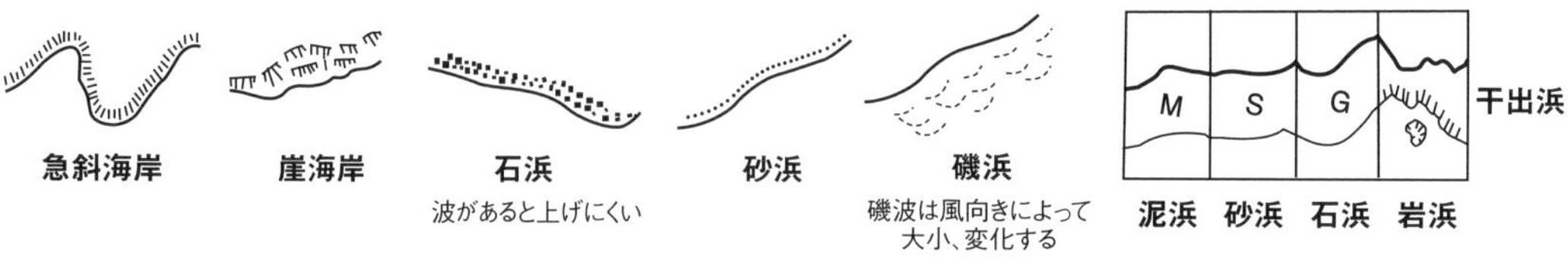

す。ＧＰＳや魚探のある現在、こんなことをやっている漁師はいないでしょうが、海上の位置を知る一方法で、コンパスさえあれば私たちにもできます。

□海岸線（図4）

海岸線の形も色々で、目の前にあるのに寄せられない海岸もあります。岩壁、礒波が立つリーフや砂浜、ゴロ石の浜、港の岸壁、消波ブロック護岸等々。海岸の状態を知っておくことは緊急避難する場合も含めて大切なことです。干出浜を満潮時に漕ぎ出し、干潮時に帰ってくると大変です。干上がった泥砂の上を、カヤックを引きずって長い距離歩かなければなりません。

□暗礁と沈船・漁礁（図5）

座礁を最も恐れる大型船

図5　岩礁と沈船の海図図式

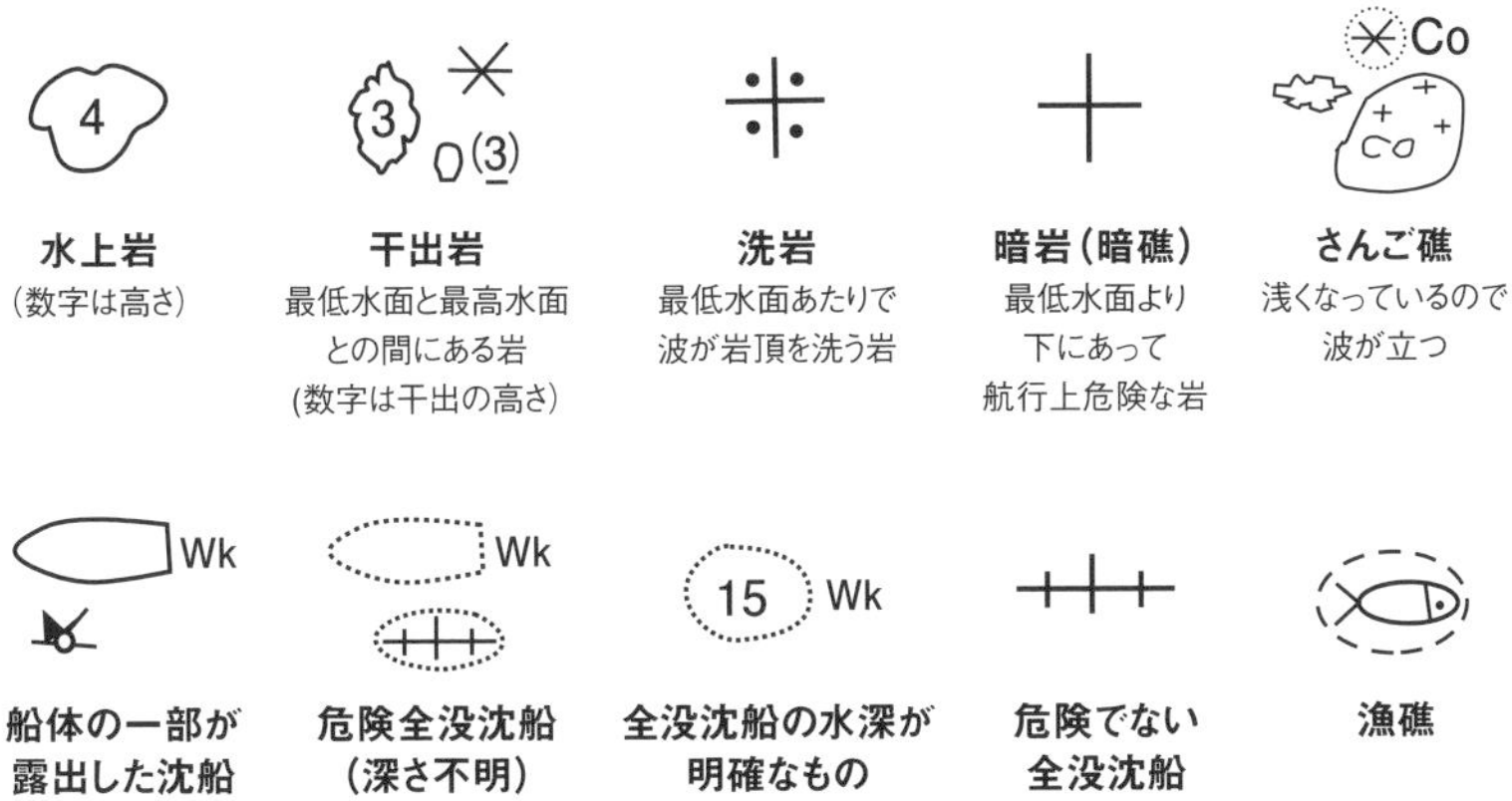

や動力船は、こんな記号（海図図式）のあるところには端から近寄りませんが、海さえおだやかなら、カヤックにとっては魅力的な場所になります。ただ、うねりや波、潮の動きがあると話は別です。海面に出たり隠れたりする岩はたちまち罠となり、危険物に変わります。そこにはブーマー（浅場の波）が現れたり妙な白波が立ったりします。うねりが引いたと思うと、今まで見えなかった岩や海底が露呈し、次の瞬間現れるうねりの山が砕け巻いてカヤックを転覆させます。できるだけ遠くから観察して、奇妙な白波の立つ場所には近づかないようにしましょう。

　沈船のマークはカヤックにはほとんど問題なく、海面から突き出た赤錆の船体など一度見てみたいものです。漁礁はカヤックには影響しませんが、定置網やノリ筏、カキ筏などの傍を通るときは、作業の邪魔や目障りにならないよう、そっとすみやかに漕ぎ抜けましょう。

□海流と潮流（図6）

　図のように記され、流速は最も速いときのものになります。潮のほうは潮汐表とあわせて参考にしましょう。急潮、波紋、激潮、渦流、波浪などは常に起こっているわけではありませんが、わずかな潮や風の変化に過敏に反応する場所に違いありません。大潮のときなど念頭においておかなければひどい目に遭います。

＊

　おだやかであれば何の問題もない海も、ほんのわずかな風や潮の動きでその表情を変えます。ここで述べたことは、そうした海のごく一部に過ぎず、海旅ではいつも自分の知識・経験に基づく判断力が試されます。海は千変万化。時には優しく、時には厳しく、私たちはそうした海の表情にただ喜び、ただ恐れるだけなのかもしれません。でも、それはまた見知らぬ海との出会いであり、新たな経験を積み重ねていくチャンスでもあると思うのです。

図6　海流と潮流の海図図式

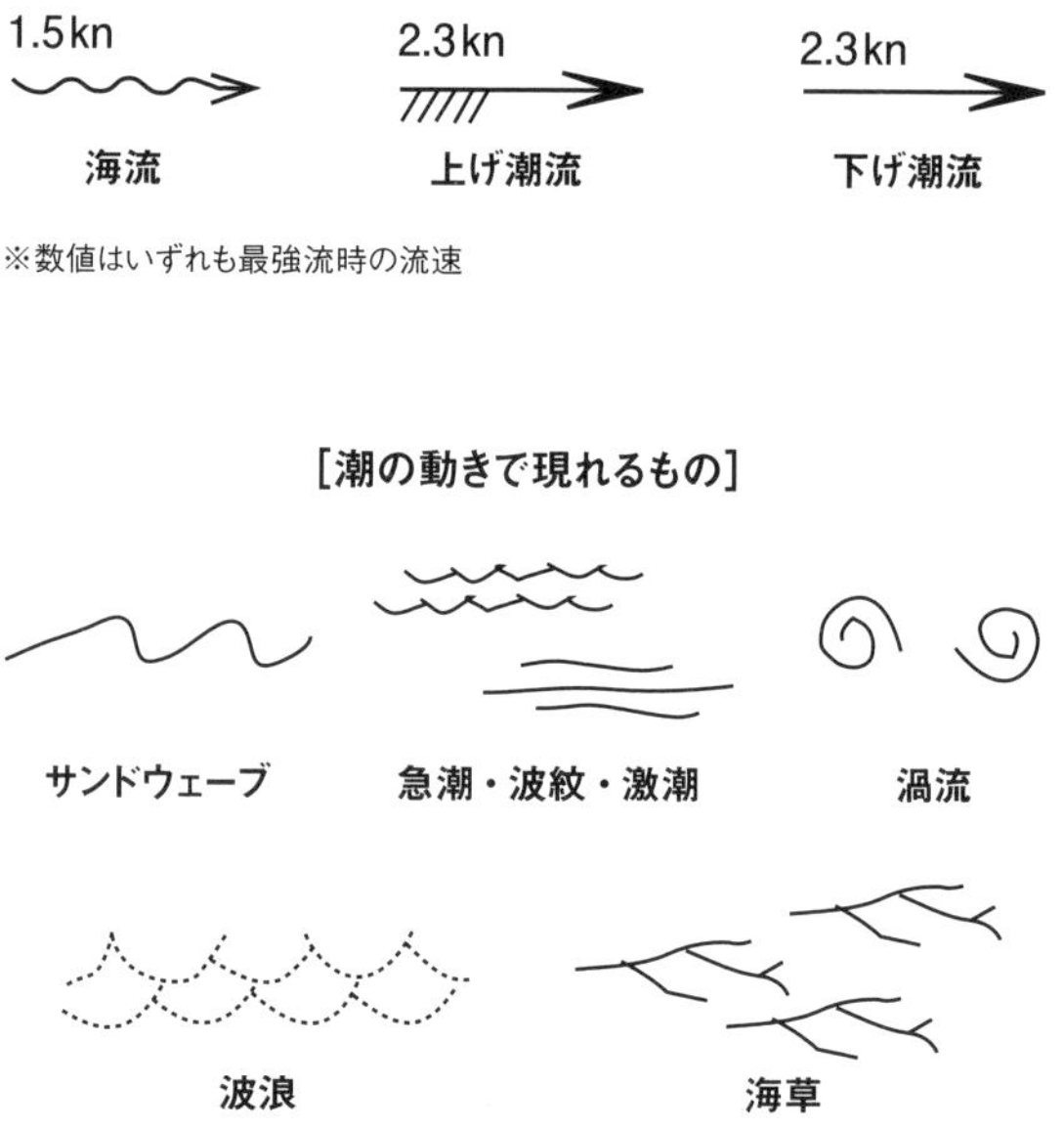

現代の雁木

Essay❹
私の海旅

潮が見えない

瀬戸内海の古い港には「雁木《がんぎ》」が残されている。雪国の雁木は雪除けの庇《ひさし》のことだが、港の雁木は、海に向かって作られた石の階段である。それは水中へと没しているので、その下まではかぞえられないものの、常に露出している部分だけでも5～6段ある。大潮のときなど3メートルもの干満差になるから10数段になるのだろうか。どんな潮位でも舟を岸に着け、荷の積み下ろしができるようにした先人の知恵である。雁木の意味を知っていれば潮の満ち引きが頭に浮かぶのだが、知らなければ潮の動きにまで思いはいかない。

潮のことなど考えもしなかったころ、安芸の宮島へ渡ったことがある。海中に置かれた赤い大鳥居をくぐってから、西の松原裏の小さな入江の川へと漕ぎ入り、岸辺にカヤックを着けた。流されないよう松の木にロープで結んでカヤックを止めておいて、宮島の最高峰弥山《みせん》に登った。下山後に日帰り入浴で汗を流し、土産物屋をまわって夜の弁当とビールを買い込む。それらを飲み食いしながらお目当ての水中花火を楽しんだ。そこまでは上出来だった。花火大会も終わり、さて夜の海に漕ぎ出そうとカヤックの所に戻ると、川は干上がっていて、流れの中にあったはずのカヤックは、しっかりと土の上。それを結えているロープの間抜け

なこと。川底を這う糸ほどの流れがせせら笑っていた。

潮のなす業は潮位差だけではなく潮流もある。おおまかに言うと、瀬戸内海東部では上げ潮は西へ、下げ潮は東に流れる。もちろん地形的なことやよく分からない理由などもあって一様ではないし、転流の時間のずれもある。島と島の間や、島と岬の間など狭まった場所では、川の瀬のように波打ちながら流れるのを見たりする。こんな所を漕ぐときは嫌でも潮の流れを意識するのだが、灘《なだ》と呼ばれるような茫洋とした広がりの海では、潮の動きは見えず、知らず知らずのうちに逆潮を漕いでいたりする。

シーカヤックを始めてまだ間のないとき、播磨灘を家島へと向かっていると、急にパドルが重くなりカヤックが進まなくなるという経験をした。一生懸命漕いでいるのに島は近づかず、沖合を行っているためか遠くの岸辺の風景も変わっていく様子がない。まるでスターンに誰かが抱きついてぶらさがっているような重さを感じながら、私は海坊主を疑った。振り向くとそいつは、ふっと潜って姿を隠し、私が前を向くとまた両足をデッキにからめてぶらさがる。海には、そんな奴らがきっと居るにちがいない。自分の無知を棚に上げて本気でそう思ったのである。

§5 海を漕ぐスキル

真っすぐ漕げりゃそれでいい

海旅で使う技術の使用頻度と重要度、それに習熟の難易度を私なりに表1にまとめてみました。それを見るまでもなく、海旅でのシーカヤック操作の90パーセント以上は漕ぐという行為、すなわち前へ進むということになります。真っすぐ漕げれば、まずはそれでいいのです。でも、単調な動作の限りない繰り返しになるので、できれば無駄なく無理なく、楽に速く漕ぎたいと思うのも当然のこと。それには、最初にきっちりと正しい型を決めておくのが近道になります。

もし、本気で海旅をやろうと思い、まだ一度もパドルを握ったことがないのなら、私はカヌースクールに入るか、本当にしっかりとした技術を持つ人に習うことをお勧めします。上手に漕げなくてもそれなりに旅はできますが、効率的で無駄のないパドリングを覚えれば楽に長時間、しかも速く漕げますし、ロールができれば安心感は増します。いずれも無意識に体が動くまでに修練しなければなりません。その始まりに正しい動作を教えてもらうことは、とても重要なことです。

ネットではたいていのことを調べられ、それを見ただけで分かった気になっている半可通の人をよく見かけます。

表1 カヤック操作の使用頻度・重要度と習得の難易度

	動作	技術	使用頻度	重要性	習得の難易度	
					独習でできるかも	指導を受けたほうが
①	乗降	ライドイン、ライドアウト	高	中		
②	幅寄せ	ドローストローク、スカーリング	低	小		
③	前進	フォワードストローク	高	大		
④	制動	ブレーキング	中	中		
⑤	方向転換	スイープストローク	中	中		
⑥	後退	リバースストローク	低	中		
⑦	転回	スイープ（フォワード、リバース）	中	中		
⑧	船筏		低	小		
⑨	リカバリー	ローブレイス、ハイブレイス	中	中		
⑩	救助	セルフレスキュー	低	大		
⑪	ロール	CtoC、スクリューロール	低	大		

ガイドツアーに2、3回参加しただけでも足りないでしょう。身体を思うように動かせるようになるには、くり返しの練習を重ねていく必要があり時間がかかります。知っていることとできることの間には天地の開きがあるのです。登山でもカヤックでも分かったつもりでできないのは、何も知らないよりなお危ないように思うのです。

実際の海旅では

ある海旅の1日の航程を図1のように描いてみました。これをたどりながら、何をするのか、何ができなければならないのかを順に見ていきましょう。

①乗降（ライドイン、ライドアウト）

まず最初、①の場所でカヤックに乗り込みますが、雁木のような護岸なのでカヤックの横から乗ります。乗降の基本ですから、きっちり覚えましょう。パドルを岸とカヤックに直角に渡し、片手をコーミングの後ろ側でパドルシャフトといっしょに押さえます。もう一つの手は岸側でパドルシャフトを押さえ、左右の手に均等に加重しながら、低い位置でコクピットに足を入れたら、腰をずらしてシートに座ります（イラスト1）。初心者には、パドルを持って立ったまま乗り込もうとする人がいます。公園のボートではありません。幅60数センチのカヤックに立つということは、水に浮かんだ丸太の上に立つのと同じようなこと。大きな水音を立てた後、数秒もしないうちに水もしたたるいい男になって浮かんできます。入るときは足から腰、出るときは腰から足の順で、パドルを岸に渡してカヤックを支えるのがコツ。これが案外難しいので、習慣になるまで身にしみ込ませてください。

図にある丸島の砂浜（①-2）のような浅瀬なら、コク

図1 ある海旅の1日の航程

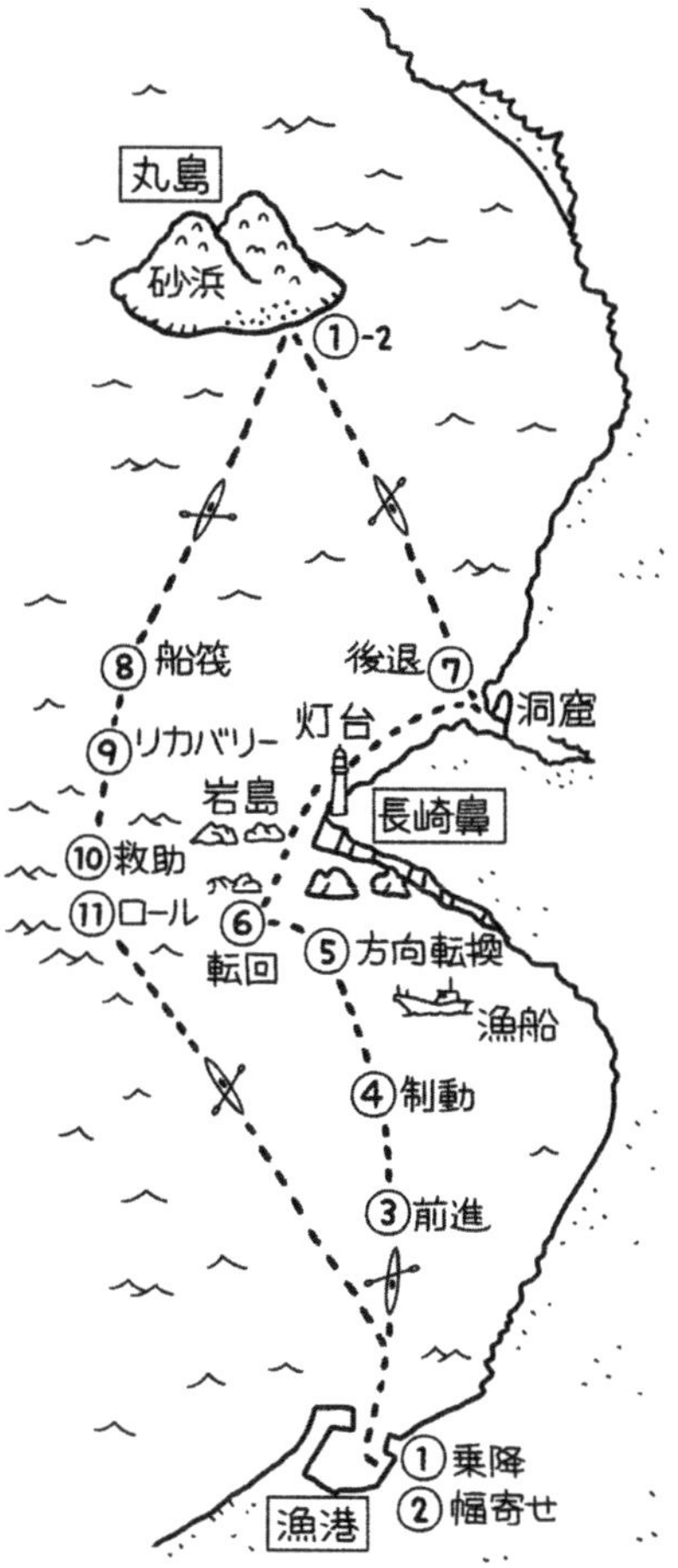

イラスト1

ピットをまたいでシートの上にお尻を落とし込んで乗ることができます。これは特に練習もいらないでしょう。

また、岩礁帯では、接岸する岩の状態によってどちらを用いるか判断します。よくやる失敗は、足を置く場所の深さを見誤ってひっくり返ったり、濡れた岩で足を滑らせたりすることです。ゴロ石の浜はカヤックを着けにくく、また乗り降りの難しい場所になります。波があれば、いっそう困難になるので、状況に応じた手を考えなければなりません。

浅い砂浜などでは、コクピットをまたいでシートの上にお尻を落とし込めば乗艇できる

②幅寄せ（ドローストローク、スカーリング）

パドルで岸を押して離れたら、桟橋にサングラスを置いたままだと気がつきました。2〜3メートルの距離なので、そのまま岸に寄せようと思います。カヤックを横に移動させるのは、直横のできるだけ遠くにブレードを入れ、それをたぐり寄せるようにシャフトを引くドローストロークが簡単。スカーリングという技法は、ドローの姿勢から8の字を描くようにブレードを連続して動かします。初めての人には難しいので、できる人に指導を受けてください。

③前進（フォワードストローク）

スプレースカートをセットして漕ぎ出します。図を見るまでもなく、航程のほとんどは前進（フォワードストローク）になります。頻度、重要度ともに大。ですからこの動作だけは詳しく説明していきたいと思います。先に「真っすぐ漕げればそれでいい」と書きましたが、リバーカヤックと違って、シーカヤックはだれでも直線的に漕げるような構造になっています。でも、どんな舟でも真っすぐ漕げるという基本の漕ぎ方ができていなければ、ずいぶん余分な力を使うことになります。長時間漕いだり、より速く漕いだりするとき、その差は疲労や痛みになって現われてきます。慣れない内は、手漕ぎといって、腕だけに頼ってしまいがちですが、いつまでもそれではつらいですね。

まず大切なのは乗艇したときの姿勢です。コクピットに入ったなら、足はフットレストやラダーペダルを踏んで左右のひざ頭がコクピットの内側に当たるよう、がに股に開いてください。足、ひざ、腰の三者でカヤックのバランスをとるとともに、これがパドルを動かす元の力となります。ですから乗艇する前には必ず、自分の足の長さに合わせてフットレストやペダルの位置を調整しておかなければなりません。

次に、パドルシャフトの持ち方ですが、①順手で持つ、②中心は体の真ん中に、③手の幅は肩よりやや広め、ということになります。この3つを確かめるためにイラスト2のようにしてみるとよいで

イラスト2

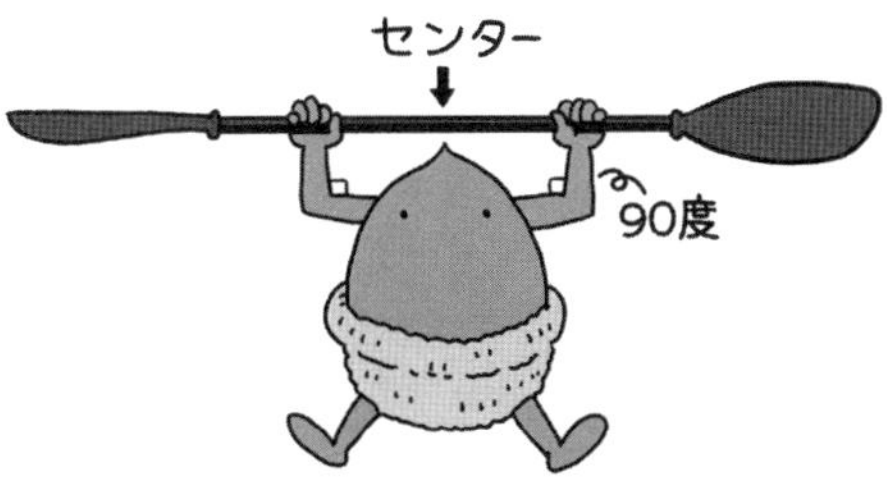

しょう。初心者は知らず知らずのうちに、中心が左右どちらかにずれたり、持ち幅が狭まったりするので、たえず自己点検してください。

パドルのセッティングにはフェザーとアンフェザーの2通りがあります（イラスト3）。フェザーというのは、パドルのブレードの右が垂直なら左のブレードは水平というように、ブレードに角度をつけます。これは風に向かって漕ぐときにブレードが風を切ることになり、抵抗を受けないというのが利点です。ただ、最初覚えるのが少し難しく、手首の返しをするので腱鞘炎になりやすいという人もいます。アンフェザーというのはパドルのブレードに角度をつけず、左が垂直なら右も垂直。やりやすいので、ガイドツアーではほとんどこれで初心者に漕がせているようです。経験豊富なカヤッカーにもアンフェザーを好む人は多く、風の向きによって（追い風の時はブレードが風をキャッチして楽とか、横風の影響を受けにくいとかの理由で）使い分けるという器用な人もいます。

私はフェザーリングをたたきこまれたので、身体がそうしか動かなくなってしまったようです。下手に変えるとブレードで水面を押さえて体勢を立て直すブレイスのとき、しくじってしまいそうなので、このままいくしかないかと思っています。

フェザーリングをするときは、利き手のほうをしっかり握り、反対の手のほうはグリップした手の中をシャフトがくるくる回るくらいゆるく握るようにします。そして、パドルの中心を支点にして8の字を描くように、手首を返しながら漕ぐのですが、カヤックは引く力より押す力で漕ぐほうが楽なようで、その力配分は押しが6分に引き4分とか7分3分とか言われます。左右にパンチを出すと思ってみてください。これは意識に上らせないとできない力配分なのですが、腕の筋肉を効率よく使って漕ぐための重要なポイントです。

パドルの運動には3つの要点があります。最初に水をキャッチするパドルブレードの深さですが、ブレードがほぼ水面にかくれる程度でいいでしょう。浅すぎるとパワーロスになるし、深いからといって推進力が増すわけでもありません。

次に前方にブレードを入

イラスト3

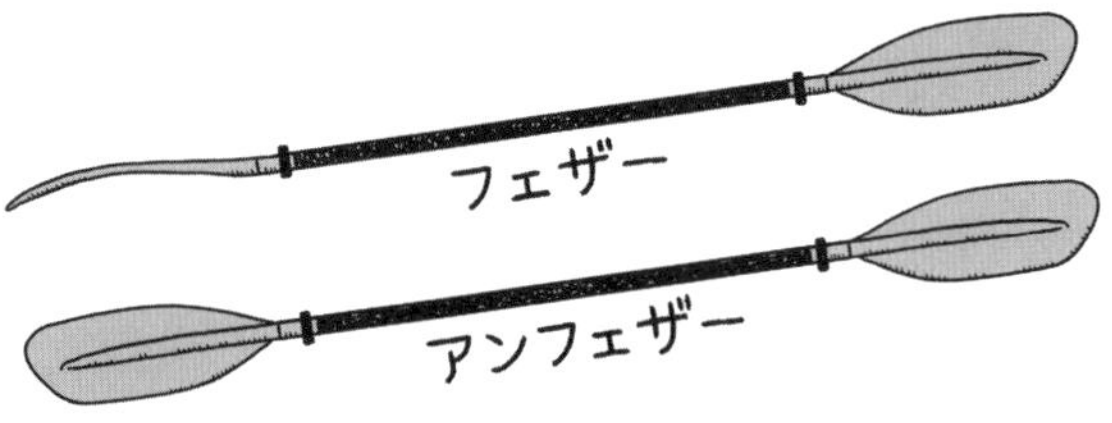

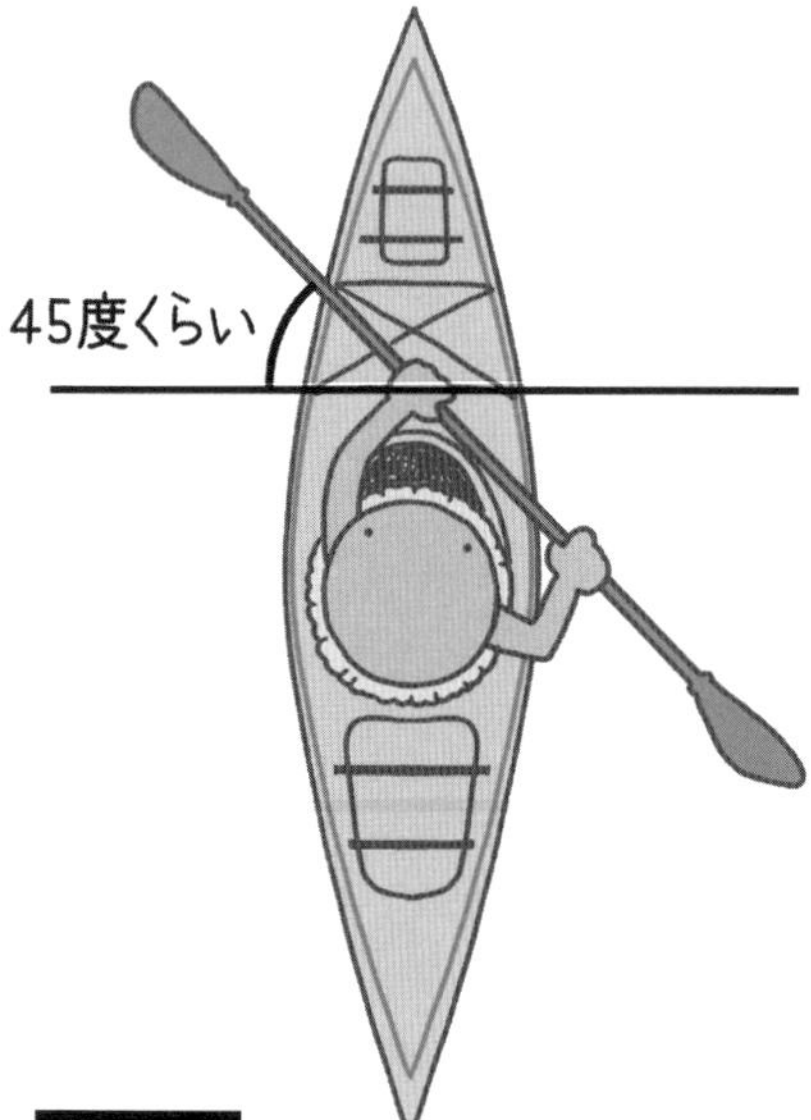

イラスト4

れる角度。前方に出る腕のパドルを握るこぶしがちょうど真ん前にくるあたりで、ブレードを水面に入れます。気分としては45度くらいかと思っています（イラスト4）。これがストロークの長さに関係し、シャフトをしっかり前へ押し出すことは、引ききることにつながり、大きな推進力を得ます。

最後にパドルを立てる角度が問題です。パドルを高い位置に立てて漕ぐのか、低い位置で寝させて漕ぐのかという議論があります。カヤックは真っすぐに進んでいるように見えて、その実、ひと漕ぎごとに左右に振れながら進んでいるのです。パドルを立てた方が左右のブレが少ないので速いという理屈は正しいと思います。私の実感でも、パドルを45～60度くらいに立てるほうが足腰の力も伝わりやすく力強い漕ぎ方ができます（イラスト5）。危険な場所や急いで進まなければならないときは、ピッチを上げながらそうして漕ぎます。また、逆潮を漕ぐ図2の例のように2つのギアシ

図2　逆潮を漕ぐ

状況に応じて漕ぎ方を使い分ける

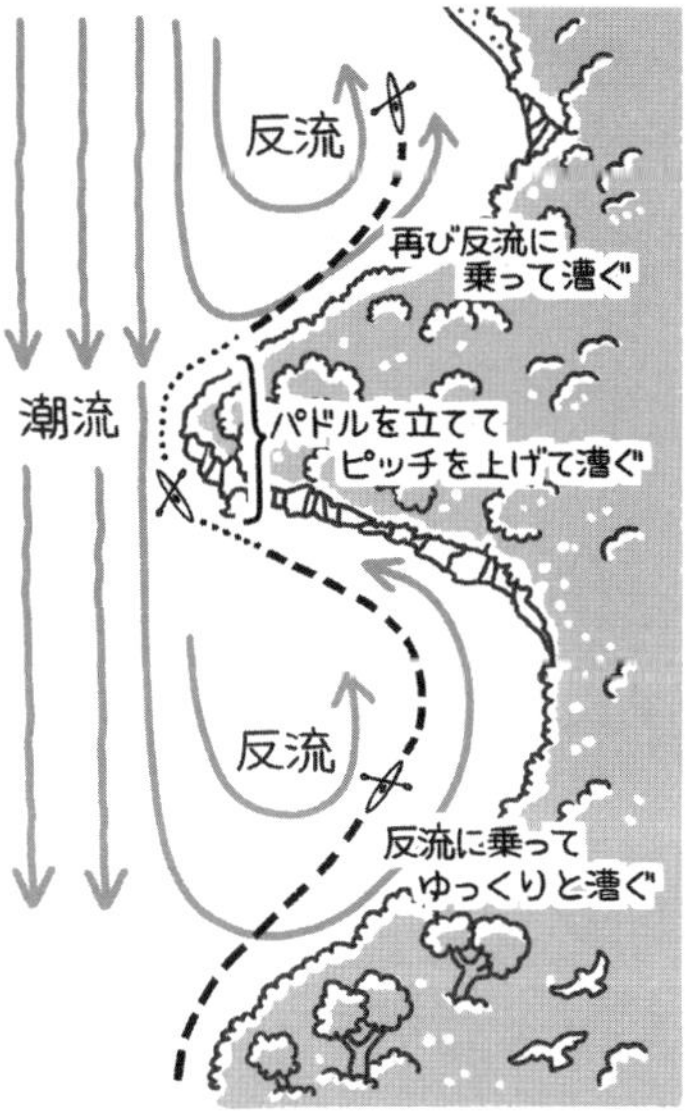

フォワードストロークはパドルを押す力で漕ぐことを意識しよう

タンデムの場合は前後のパドルが干渉しないよう、ピッチをそろえて漕ごう

イラスト5

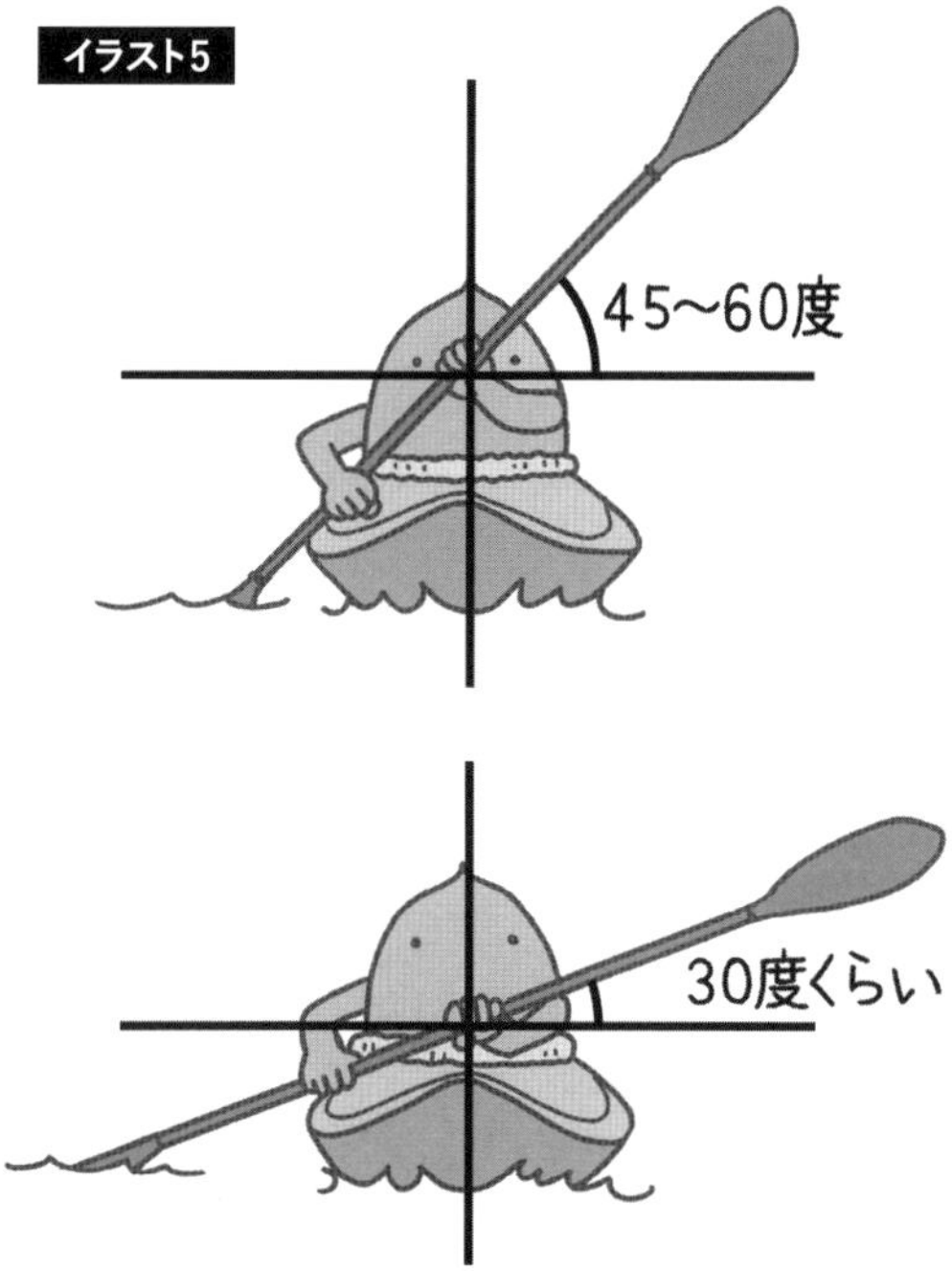

フトを、適宜使い分けることもあります。私の体力では力強い漕ぎ方は長く続きません。おだやかなときや長距離を行くときは、手の位置を低くしてダラダラ漕ぎをしています。カヤックの進む慣性さえ殺さなければ、左右のブレは多少大きくても目をつむり、一日中でも漕ぎ続けられるピッチと力配分を作り上げるのがいいかと思っています。

④制動（ブレーキング）

さて、漕ぎ進んでいると、右手から漁船が来るのが見えました。警戒のため止まることにします。急がないときは、ブレードを立てて左右均等にちょんちょんという感じで水中に浅く素早く、繰り返し入れてやればいいでしょう。カヤックはしばらくの間にスピードをゆるめ停止します。急いで止めるときは、左右交互にブレードを深く水面に差し込み、水の抵抗を受ける感じでカヤックを停止させます。

⑤方向転換（スイープ）

漁船をやり過ごしてから、長崎鼻にさしかかりました。その先端には暗岩があるのか白い波が立っています。用心のため少し左に振り、沖を漕ぐことにして方向転換をします。このときに使うのがスイープという操作。パドルでできるだけ遠く半円を描くように水面を浅く漕ぎます。ブレードの角度と艇を傾けるバランスなど教えてもらったほうがよいでしょう。

ラダーを使えばこんなことをしなくてもいいのですが、突然、前方に洗岩などが現れたりして、急いで急回転しなければならないときには、ラダーでは間に合いません。

⑥転回（スイープストローク）

岩にぶつからないため、カヤックの向きを急転回させます。カヤックの前方水面に浅くパドルを入れ、大きく遠く半円を描きながら表面をはくように漕ぎます。このときパドルに体をあずけるようにカヤックを傾けると、より力強い転回のモーメントが働きます。さらにリバースストロークでのスイープを組み合わせれば、短く狭い範囲でカヤックの向きを変えることができます。

⑦後退（リバースストローク）

岩を避けて、無事に長崎鼻を回ると断崖となり、そこに深く穿たれた海食洞窟があります。波もおだやかなので入ってみることにしました。20メートルほど入ると行止まり。転回できる広さがないので、そのまま後ろに向かって漕ぐしかありません。

洞窟などではリバースストロークを活用する場面もある

パドルは持ちかえることなく、ブレードの背面を使って前へと押しやります。このとき腰をひねって後方を見ると同時に、そのひねりを戻す感じで漕ぐといいでしょう。動作は左右同じになります。

洞窟を後に丸島へ。上陸して昼食をとり、島内散策をしているうちに風の音を聞くようになりました。天気予報では、今日は1日晴れとのことだったのですが、何やら黒い雲がわいてきているようです。そういえば、雷雨の可能性もあるようなことを言っていたので、積乱雲が発生しているのかもしれません。

帰路につき漕ぎ始めると、風が次第に強まりうねりさえ出てきました。長崎鼻の沖合は浅場になっているのか、ひときわ高く波が立っています。しばらく進むと、みなの頭に「沈したら、どうしよう」という思いが浮かんでくるようになりました。こんなはずではなかったと思ってももう遅く、波の狭間で不安におそわれ、早くこの状況から逃れたいというのは自然な心理。これが高じると「親不知、子不知」の状態となります。わが身ひとつを守るのに精一杯で、仲間を見る余裕はなくなってきます。

複数の艇を並べて船筏を組む

⑧船筏《ふないかだ》

そうなる前に一度全員で集まって相談することにします。中心になる艇に近づくのに幅寄せもできますが、実際には平行に艇を漕ぎ寄せるほうが簡単。パドルの届く位置まで来たら、互いにそれを引きあって同じ方向に向いて艇を並べます。パドルを渡し、コーミングのところで軽く押さえて支えあうので、不意の波をくらっても安定を保っていられるし、安心感もわいてきます。

「できるだけ離れずに漕ぎ、沈したら近い艇がレスキューに行こう」と決めて離れました。こういう場合、リーダー艇は最後について、先を行く艇に目配りすることになります。誰かが沈すれば、すぐにかけつけてレスキューに入ります。前を行く艇は助けがあると思えば心強いのですが、最後のリーダーは、誰かが振り返ってくれることを期待できません。ですからロールができるくらいの技量のある人がラストを務めるのがいいでしょう。

⑨リカバリー

うねりの頭が少し巻いてきたので、その白波をブレードでなでたり、叩いたりしながら、腰をひねって艇の底に波をくぐらせます。寄波のほうに船体を傾けて波頭に巻かれてしまうのはヘマというものですが、どうあがいてもデッキの上まで波がかぶさってくる状態になってきました。バランスをくずしそうになると、パドルのブレードを使って水面を押さえ艇を立て直します。ブレイスという技術ですが、ロールと一対で覚えるのがいいと思いますので、これも実際に指導を受けて習ってください。

とうとう一人が波にがぶられ、リカバリーもむなしくひっくり返ってしまいました。ロールのできる人は、パドルのセットポジションからそのまま起き上がることができますが、できない人は「沈脱(カヤックから脱出すること)」するしかありません。スプレースカートのリリースループを引いてコーミングからスカートをはずし、浮き上がります。

⑩救助(レスキュー)

沈脱した人を助けてカヤックに乗り込ませる方法は種々あるようですが、荒れる海で確実にやりこなせる方法をひとつマスターしておくのがいいでしょう。ここでは私がこの状況になったら必ずやるだろうという方法を書いておきます。同行者がいるという前提です。

救助者が近づいたら素早くカヤックを起こします。救助者は風上に着けて起こしたカヤックを支えます(イラスト6)。要救者は、反対側からコーミングにロープ(これはカヤックに合わせたものを自作しておく)をかけ、それをアブミにしてリアデッキに腹ばいになってはい上がり、両足をコクピットに入れたら体を反転させてその中に滑り込みます。パドルを救助者にあずけてからスプレースカートをセットし、風下側のサイドを少しだけ開けてビルジポンプで排水作業をします。水舟は不安定ですから、コクピット内の水の動きが艇のバランスに影響しなくなるまで水を汲み出します。

救助者はこの作業が終わるまで要救者のカヤックを支え続けなければなりません。

イラスト6

沈脱して1人でカヤックに乗り込むセルフレスキューには、私はかなり懐疑的なのです。パドルフロートを使った方法がありますが、荒れた海や細身のカヤックでの再乗艇は、実際にはかなり難しいことでしょう。でも、くり返しの練習とその場での落ち着きがあれば、助かる可能性はありますし、救助艇に補助してもらう場合にも、正しい身のこなしができれば、よりスムースに再乗艇できるので、練習は決して無駄にはなりません。

⑪ロール

沈脱しないで、コクピットにいる位置からパドルと腰のひねりを使ってカヤックごと起き上がる技術です。できるにこしたことはありませんが、使用頻度からいうとリバーカヤックと違って必須というわけではありません。CtoCとかスクリューロールとかの方法があります。習得には指導者とかなりの練習が必要となります。セルフレスキューよりもロールができるようになるほうがより実践的で有効かもしれません。ロールも反射的にできるようになるくらいまで練習しておかなければ実際の役には立たないでしょう。しかし、それがよくできるにしても、何回もロールで起き上がらなければならない状況というのは、海旅ではほぼ気象と行動の判断ミスになると思うのです。

沈脱した人のレスキューをすませた頃、積乱雲は遠ざかったのか海はおだやかに。見ると西の雲の中に赤い太陽がのぞいていました。みなに笑顔が戻り、夕暮れの迫る港へと帰るのでした。

漕げば着く

私にとって海旅での漕ぐという行為は手段に過ぎず、目的ではありません。目的は旅することです。道具やスピードに執着せず、慣れない舟は慣れないなりに、下手くそは下手くそなりに、それぞれにできることをしながら始めていけばいいと私は思っています。

私の師匠は「漕げば着く」と言いました。乗る舟が鈍足だろうとおかまいなく、木のシャフトに合板でできたブレードのパドルでもこだわりません。目標の地点まで何時間で着こうと気に病むこともなく、悠々と漕いでいました。海にいる、浮かんでいる、漕いでいる、進んでいく、いずれ着くだろうという感じで、その過程を楽しんでいました。その姿を見ているうちに「漕げば着く」という言葉は、行為と結果という意味合いを超えて、私にとっては信仰に近い響きをもつようになったのです。

実を言うと、いくつかの状況下で、私はいくら漕いでも着かないという経験を何度かしてきました。長い海旅の中では体力や経験が通じないこともあります。逆潮や逆風の中で苦闘するとき、やっと回った岬のそのはるか先にさらに岬を見るときなど、もう漕ぐのは嫌だと何度思ったことでしょう。そんなとき思い出すのが「漕げば着く」という言葉。それは因果でもなく、行為でもなく、まして技術などでは到底なく、心の置き所となるのです。また、私たちが漕ぐのはガレー船のそれではありません。好きで漕ぐのであり、旅の自由の発露です。今そこに居られる幸せを思い、目の前にある海を楽しみましょう。

「漕げば着く」—— 海旅の過程を楽しみましょう!

Essay⑤
私の海旅

テレマーク

昔、リバーカヤックを始めたころテレマークターンというのを習った覚えがある。額の前でパドルを垂直に立ててそれを軸のようにして素早く小さく回る技術だった。スラロームではキャッチと言われているようで、最近テレマークターンという用語は耳にしない。テレマークというのはノルウェーの一地方であるが、これがどうしてこのターンの名前になったのだろうか。古いスキーの写真を見ると、一本ストックで、それを支点のようにして回っている。テレマーク地方で始まった原初のスキースタイルに似てなくはない。

今、私の中でテレマークといえばスキーである。スキーはアルペンスキーのようにかかとを固定して滑るのが普通のイメージだが、テレマークはかかとを固定しない。そのためスキー板を前後にずらし、かかとを上げ、膝を落として滑る特有の滑降スタイルをとる。スキージャンプの着地姿勢のそれである。まだ教則本も技術ＤＶＤもないころ、１８０センチの細板、革靴でこれを始

北海道、大雪山を行く

めた。40歳を過ぎてからの独習だったからずいぶん転んだ。V字型に開いた板の間に顔をつっこんだり、逆エッジをかけてはね飛んだり惨憺たるありさまだった。いっしょに滑っている女房に散々笑われ馬鹿にされたけど、やりにくいのが面白かった。ゲレンデの練習と並行して雪山にも入った。テレマークスキーはかかとが上がるので、歩く延長で滑ることができ、歩行と滑降のきりかえのストレスがない。それとノートラックの新雪の中では滑りそのものが面白いのである。調子に乗ってずいぶん出かけた。白馬大雪渓、針ノ木雪渓、立山周辺、オートルート、乗鞍岳、知床半島などなど。私がなんとか滑るようになったのを見極めて、数年後女房もテレマークに転向した。雪まみれでもがく女房を見て今度は私が笑う番だった。思えば、テレマークもカヤックも一向に洗練されないまま、相変わらず遠回りの道を歩いている。

二人で全国をめぐる海旅や山旅を重ね、今やテレマークスキーもカヤックも雪の山や海を旅するのに欠かせないものとなっている。いずれも私にとっては旅の手段で上手下手は別にして、やはり見知らぬ山を歩いてみたい、まだ見ぬ海を漕いでみたいのである。

スキーを足に、起伏のある雪の山野を行くのは、海原をカヤックで行く気分になぜか似ているように思う。木枯らしが吹き、雪の便りが北国から届くようになるとシーカヤックをしまってスキーを取り出す。今年も各地の行ったことのない山々へ出かけたいものだ。冬から春、雪のあるあいだに、いや健康に支えられ生命《いのち》ある間に。

§6 海旅の服装と用具

できるだけ身軽に出かけたい

海旅にはそれにふさわしい服装と装備がありますが、私は道具フェチではないので個々の用具にさほどこだわりはありません。服装も凝ったものでなく普段着に近い感覚で、できるだけ身軽に出かけたいと思っています。

海旅の装備の考え方は登山と同じで、不要なものは持たない、必要なものははずさないということになりますが、大きな相違点が2つあります。1つは海旅のほうが運ぶ荷物のキャパシティーが大きいということ、もう1つは防水管理（塩水対策）がより厳格に求められるということになります。服装や用具にあれこれ気をもんで、行く前にくたびれ果てる人もいるようですが、服も荷物もシンプルに出かけましょう。

海旅は普段着で

服装に関しては、ほとんど普段の格好です。上陸してスプレースカートとPFD（ライフジャケット）を脱げば、そのまま町を歩けるようにと思っています。

夏の暑いころには、ハーフパンツにTシャツ。日に焼けるのがいやならUVカットの薄手の長袖シャツ。生地は撥水性がよくて乾きやすいものにして、着古した山用の衣類などを使ったりしています。着衣のまま海に飛び込むこともあり、いずれにしても潮まみれ、汗まみれになりますから高価なブランド品などもったいなくて。

足元はサンダルでもいいのですが、荒磯やリーフなどでは足を切りたくないのでパドリングシューズを履くことが多いです。頭のほうはつば広の帽子と、忘れても落としても惜しくないような安物のサングラスです。眼鏡をしている人は必ず落下防止の措置をしておいてください。高価な眼鏡ほどよく沈むようです。日焼け対策に女性はUVカットのクリームを顔に塗りこめて、その上をフェイスカバーで覆っています。

春、秋には長袖シャツ、少し寒ければ薄っぺらなウインドブレーカー。水が冷たいようなら足元は長靴にします。PFDをいつも身に着けているので、これでさほど寒くはありません。北海道のような海水温の低い海ではウェットスーツもいいように思います。私は、冬は漕がないのですが、ドライスーツということになるのでしょうか。この時期に出かける人は研究してください。

着替えは、季節に応じたものを上下1セット持っていきます。塩水に濡れたまま寝るのは不快ですから、目的地に着いたなら風呂やシャワーでさっぱりしたあと、乾いた衣服に身をつつみたいものです。

海旅の用具はぜいたくに

シーカヤックにはかなりの荷物を積み込むことができるので、登山以上に旅暮らしを楽しむことができます。カヤックなどの移動用具やテントなどの生活用具の必需品、ほかに釣りやスノーケリングなどのお楽しみ用具を加えましょう。

でも、たくさん運べるのにかこつけて無駄なものを持っていくということではありません。ぜいたくの中身は必要十分ということで、軽量でコンパクトであるということになります。いい用具というものはだいたいそういう具合にできていて、それでいて性能を損なわないもので、時として高価です。用具は納得のいくまで吟味して長く使えるものを選んでください。そうすれば愛着や信頼が生まれてきます。これも、もうひとつのぜいたくかもしれません。

用具を長く使うために注意することは防水と塩抜きです。濡らしてはならないものは、防水バッグに入れて完璧に水を遮断し、濡れてもかまわないものと区別してパッキングします。そして、塩水に濡れたものは、最後にすべて真水で洗って塩出しし、よく乾燥させておかなければなりません。特に金属部は入念に洗い、錆びさせないようにしたいものです。ファルトボートで1週間海旅をしたとき、ジョイント部分が塩で固まって抜けずに苦労したことがあります。また、点検を怠ってラダーのボルトを固着させ、ねじ切ったこともあります。塩は曲物です。

①移動用具

□シーカヤック

シーカヤックは長距離を漕ぐので直進性を優先し、4～5メートルほどの長い船体になります。各部の呼び方は図のとおりです。スピードを優先させれば船体はより長く、より細くなりますが、安定性が損なわれてくるので、そのような舟はロールが確実にできる人が乗るのが

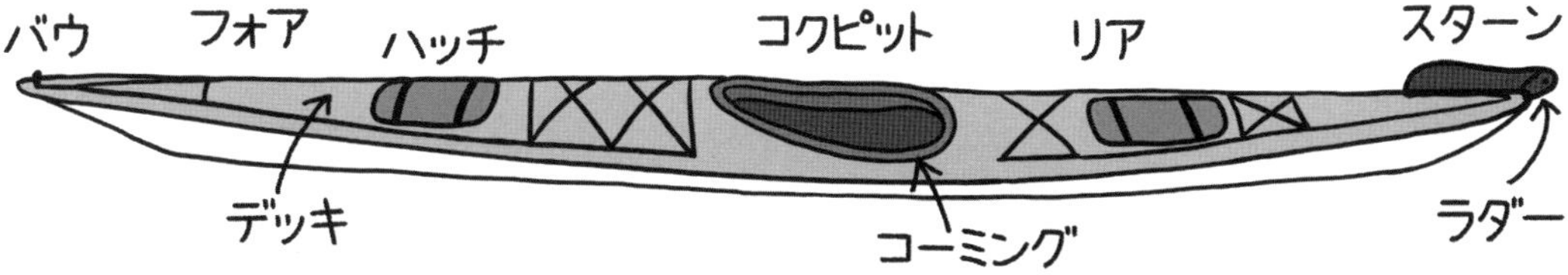

表1 素材別カヤックの特性

	FRP艇	ポリエチレン艇	ファルトボート
重量	軽い	やや重い	軽い
船底摩擦	平滑性高い	平滑性やや低い	平滑性やや低く、船底が傷むと抵抗になる
スピード	速い	FRPと比べて遅い	FRPと比べて遅く、風の影響を受けやすい
耐久性	固いが脆い（岩場の乗り上げ注意）	柔らかく丈夫（乱暴に扱っても壊れにくい）	裂ける、摩耗する（鋭利な物に触れると裂ける）
船底修理	修理キットで補修可能	できない	船体布と接着剤で補修可能
経年劣化	しにくいが、ひび割れ退色がある	紫外線による劣化がおこる	しにくいが、使用による損傷が大きい
使用後	全体の水洗いと乾燥	全体の水洗いと乾燥	パーツごとに十分な水洗いと乾燥が必要
保管	場所をとる	場所をとる（紫外線対策が必要）	場所をとらない（納屋・ベランダに置ける）
運搬	車載（屋根積み）	車載（屋根積み）	手荷物・配送容易
価格	高価（手作り）	安価（量産できる）	安価～高価（手作り）

よいでしょう。

私はキャンプしながらのツーリングが多いので、荷物を収納できる隔室があって安定性のよいものを選んでいます。若いころは一人で気ままに漕ぎたかったので1人艇でしたが、今は女房と出かけることが多いので2人艇にしています。2人艇のほうが少し楽だし、会話も楽しめます。

組み立て式のファルトボート（ホールディングカヤック）も運搬や保管を考えると捨てがたいですね。電車やバス、追加料金を払えば航空機にだって乗せられるし、宅配便で送ることもできます。

リジッドタイプのカヤックは車のルーフに専用のキャリアを装着して運びます。フェリーに乗せるときはカヤックの長さで料金を支払うことになるのでご注意を。落とさないようにしっかりと固定し、走行中は横風に注意してください。

舟の素材による違いを表1にまとめてみました。あくまで個人的な感想ですから参考までに。いずれにしろ個々の身体能力とともにカヤックの用途・性能を考慮の上、デザインや色などの好みを加味して決めることになります。自分が何をやりたいのかをきちんとショップの人に伝えることが大切で、さらに試乗させてもらえるならありがたいですね。

□パドル

パドルはカヤックの推進力。動力船で言えばスクリューにあたります。エンジンはあなたの身体で燃料は食べ物やビールです。自分の身長、体力に合わせて選びましょう。

シャフトの長さ、重さ、ブレードの形がチェックポイント。軽いほうが疲れが少なく、カーボン製のものなど高価ですがいいようです。ブレードは幅が細いほど風の影響を受けにくくストロークの力も少なくてすみ、反対に幅広のブレードは大きな推進力と瞬発力が得られるので、どちらがいいのか決めかねます。シャフトの形や長さに対する考え方も日々変化してきていますが、まずは自分のものを使いこなすようにしましょう。その感覚をベースにしておき、これはと思うパドルを人が使っていたら、それを借りて試してみると比較ができるようになります。

□PFD

パーソナル・フローテーション・ディバイスの略で、一般にはライフジャケット（救命胴衣）と言ったほうが、通りがいいですね。泳げる人も泳げない人も、沈したときの命綱。身体にぴったりフィットするものを選びたいですね。上に持ち上がり、裃《かみしも》みたいになるのはうっとうしいし不細工です。中にウレタンが入っていて浮力は6～8キロあります。海に落ちたときには本当に力になってくれるので、きちんと着けましょう。小さな子どものPFDは必ず股紐を通しておいて、すっぽ抜けしないようにしておくことが大切です。

泳げない人のスノーケリングに役立ち、海岸で休憩するときの座布団にも枕の代わりにもなります。

□スプレースカート

一種異様な雰囲気を醸す衣装ではありますが必携です。腰に着けて乗り込み、コクピットのコーミングに掛けて固定し、かぶってくる波の浸入を防ぎます。沈したときには前先端にあるリリースループを引いてはずし、沈脱します。おだやかな海でははずして漕ぐこともありますが、荒れる海でこれがなければ致命的なことになります。波を一かぶりすれば、思いもよらないほどの水が入ってくるので油断なく。

□防水バッグ、クーラーボックス

海旅で濡れないものはありません。波をかぶればコクピットの中も、隔室でさえ海水は浸入してきます。大切な荷物は防水バッグに入れて守ります。ハッチから入る大きさで、隔室にぴったり収まるよう大小そろえておきましょう。防水等級はＩＰＸ7（1メートルの深さに30分沈めても浸水しない）以上で、多少分厚くても丈夫なものを選びたいですね。どんな

製品でもピンホールには注意してください。また開閉口はルーズにならないようしっかり閉じておきましょう。

防水バッグではありませんが、クーラーボックスがあると重宝します。海旅ではプラスチック製でなく、空になるとひしゃげるビニール製のソフトクーラーを勧めます。

□パドルフロート

沈脱したときの再乗艇、セルフレスキューに用います。空気を吹き込んでふくらませるバッグ仕様のものとウレタン製の固形のものがあります。複数艇で行くときは他船が助けてくれるので出番はないかもしれません。本来の用途とははずれますが、パドルフロートを支えにしてカヤックを傾け、海中を覗き込む技もあります。

□ビルジポンプ

コクピット内にたまった水を汲み出すのが、大型の水鉄砲ともいえるビルジポンプです。1回のストロークで0・5〜0・7リットルの水が吐き出されます。沈したあと再乗艇したら、このポンプを用いて根気よく水出し作業をつづけることになります。これをやらないと水舟は重く不安定極まりないものになって、再度の沈となりかねません。

□ピスボトルセット

ペットボトルを半分に切り、その底に3〜4メートルほどのロープの輪を入れ、その上を大型のスポンジでふたをするようにふさいだものを自作します(図1)。ペットボトルはカヤックに乗ったまま小用を足すのに用います。ただし、これは男性のみ。ロープは沈したときにコーミングに回してアブミにします。スポンジはコクピットの水気取りや掃除に使います。

図1　ピスボトルセット

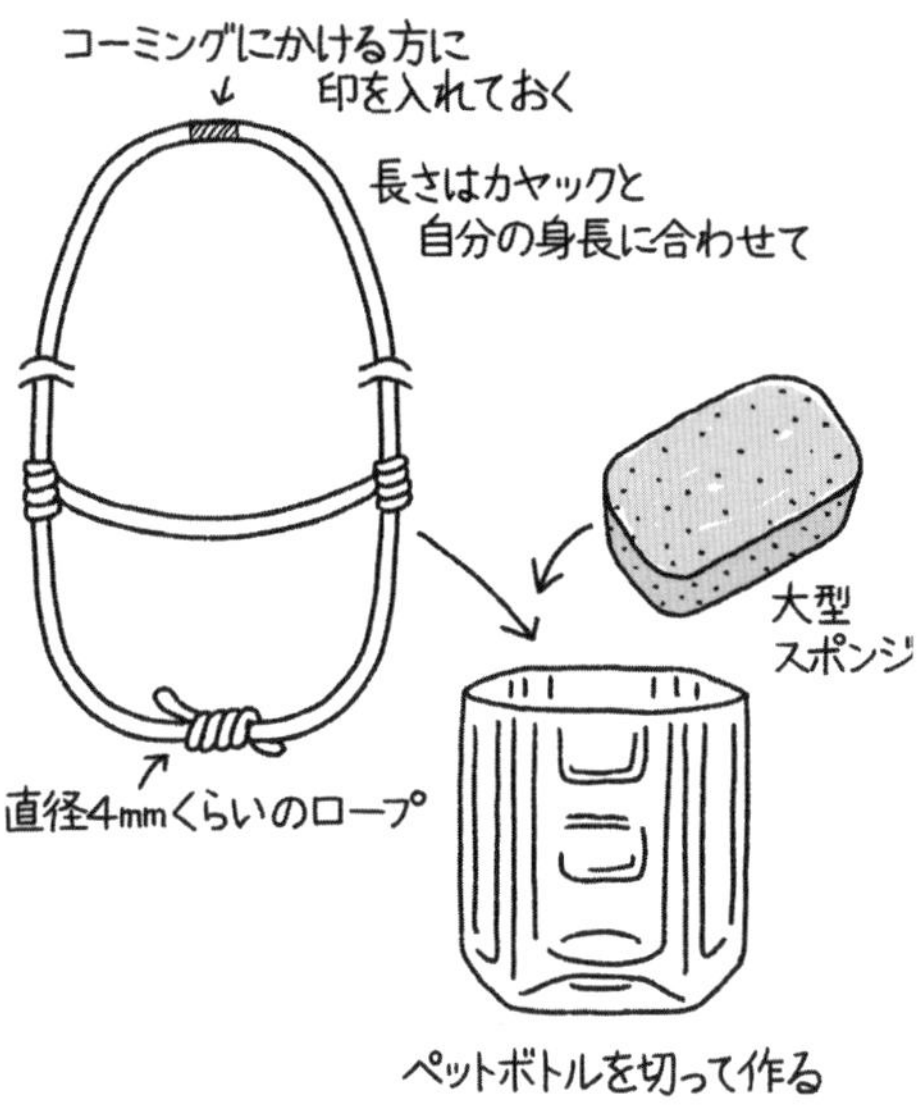

□レスキューセット

レスキュー関係の用具はほとんど使うことがないと思います。使わないのが幸いなのですが、備えておくべきものです。エアサウンド、発炎筒、ホイッスル、ロープなど使用ルールを決め模擬演習をしておかなければ、非常の折にはまず役に立たないでしょう。

登山者の遭難位置を知らせる「ココヘリ」などの発信器と同じように、海上では個人用遭難信号発信器「PLB」があります。高価で無線局の許可が必要ですが、生きるか死ぬかの緊急時には希望をつないでくれるにちがいありません。

②生活用具

□テント

海岸でのキャンプには欠かせません。求める性能は軽量、コンパクトは言うまでもなく、耐風・防水性能に優れていて丈夫、防虫メッシュ付き、設営簡便ということになります。夏場の海岸ではしばしば蚊の猛攻に遭うので、メッシュがないと安眠できないでしょう。また通気性がよくないと、これまた暑くて眠れないということにも。

□シュラフ、マット

シュラフはその時々の気温に応じて用いることになりますが、だいたい5～20度に対応できる、かさばらないものがいいでしょう。真夏ならシュラフカバーやタオルケットで済ませることもあります。

マットはコンパクトに丸められるエアマットがいいでしょう。ウレタンマットはかさばるのが難点です。背中の凹凸や冷えは案外気になるものです。

□コンロ、ガス、コッヘル、ベッセル、カップ、ブキ、水容器

山用語を使わせてもらいましたが、要するにガスコンロを使って煮炊きし、食事ができるような炊事道具を持っていくということです。少々高価になりますが、山の用具は洗練され機能的ですからお勧めしておきます。コンロはガスを燃料とするものがいいでしょう。コッヘルは鍋、ベッセルは食器、ブキというのは山の隠語で箸のことで、それを武器に食い物争いをすることからきているようです。

水の容器は、使用しないときにはひしゃげるタイプのものがかさばらず便利です。共同用の4～5リットルのものと個人用の1～2リットルのものが必要になります。ペットボトルで代用してもかまいません。

③時に持っていく用具

あれば楽しみで役立ちますが、なくてもにわかには困らないもの。

□双眼鏡

上陸地や行きかう船の偵察、バードウォッチング等、用途は多いかも。外洋などで本格的に用いるなら完全防水で距離測定のできるものがベストですが、高価でかさばるのが難点。

□カイト

追い風があるときは、これを空中高く揚げて舟を引かせます。カヤックの速度が時速5キロとすれば、それ以上に速い風が吹いていなければ失速して力になりません。時速5キロというのは秒速に直せば約1・4メートルですから、風力2（秒速1・6～3・3メートル）以上の風になります。でも、これくらいの風ではカイトは安定的に揚がってくれません。実感にすれば風力3以上、秒速5メートル以上の風がいるという気がします。こうなると海面は白波も立つことでしょうから、初心者向きの用具とは言えません。

かつて沖縄から九州を目指したときカイトを揚げました。このときはアラバエと

いう強い南風が絶えず吹いていました。艇速は漕ぐ力と合わせて3ノットにはなっていたでしょうか、快走でした。4〜5メートルの高さでうねる海は油断ならない状況でしたが、頭上高く青空に極彩色のカイトがぽかりと浮かんでいるのを見ると、何かのんびりとした気持ちにさせられたものでした。

カイトだけでなく、最近はウィンドパドルなど新しいセーリングのシステムも開発されてきているようなので、注目していきましょう。

□スノーケリングセット

マスク、スノーケル、足ヒレの3点で気軽な海中散歩ができます。夏の盛りのきれいな海では必ず持っていきたいですね。

□釣具セット

海釣りの仕掛けをセットにしておきます。ボート免許のいらないカヤックフィッシングは最近の流行で、それ専用の舟もあります。私はカッタクリ(漁師仕掛け)にしてロッドは使いません(図2)。沿岸のポイントは探り放題で、けっこう釣れるので熱中してしまいます。潮に流れながら釣ったり、小さなアンカーを投げ込んでその場に留まって釣ったりします。

図2 釣具セット

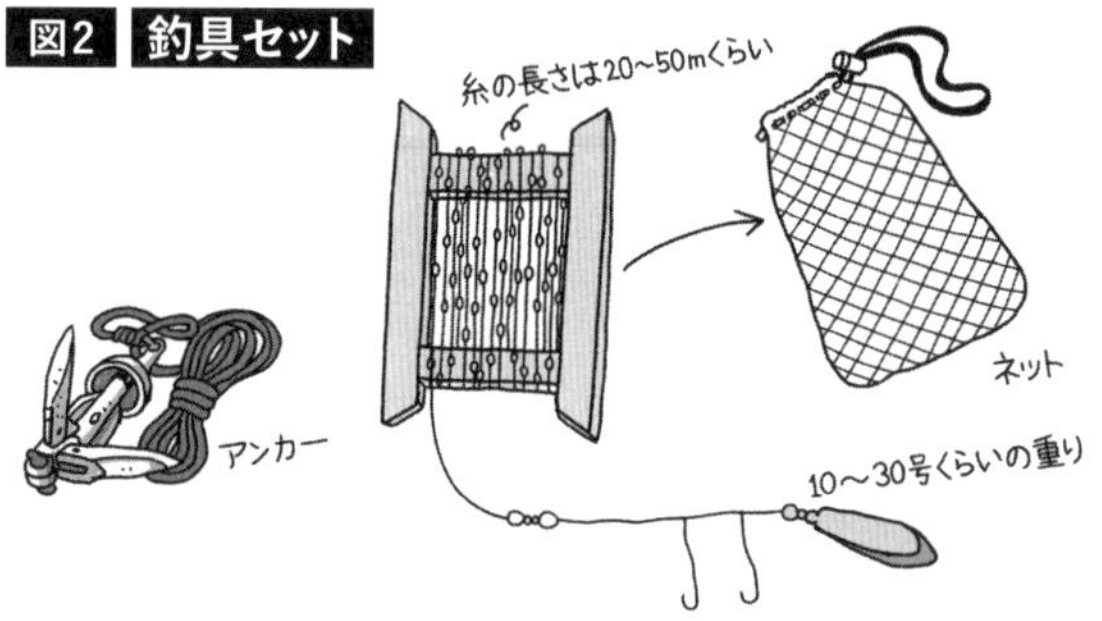

図3 潮干狩りセット

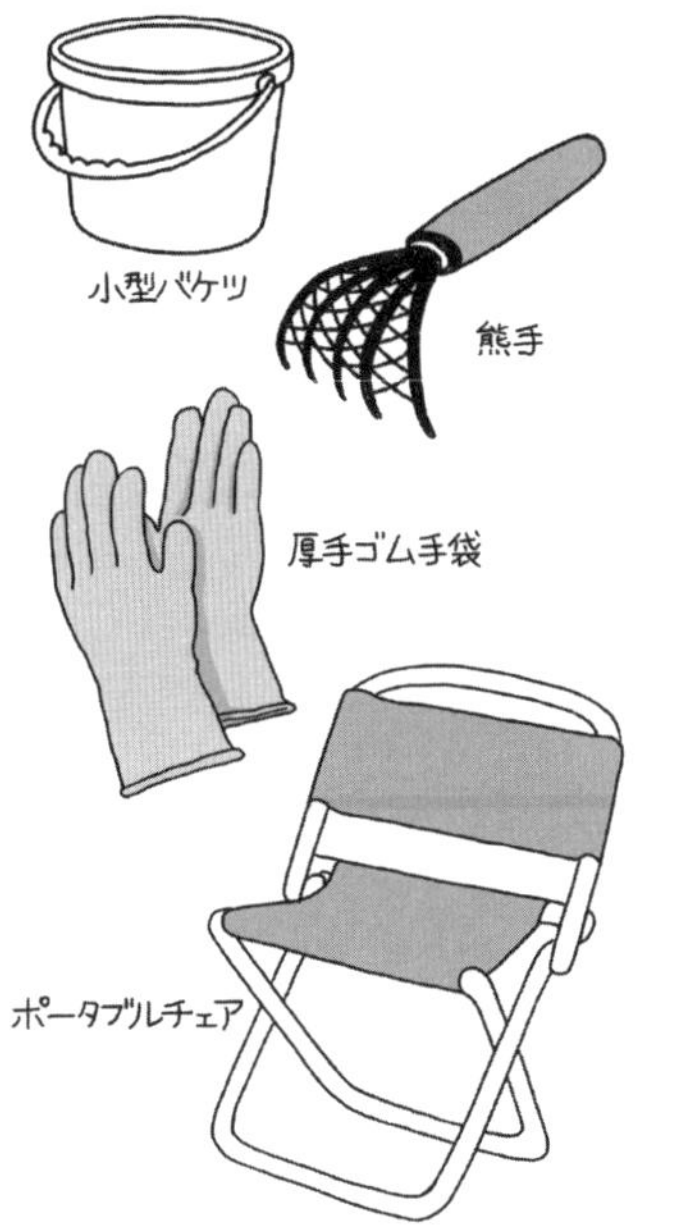

□潮干狩りセット

春から初夏にかけての楽しみです。網付きの熊手に小さなバケツ、それと小型のポータブル椅子を持って出かけます(図3)。釣りや潮干狩りは潮の干満を見なければなりませんから、知らず知らずのうちに潮汐の知識を得ることになるでしょう。

パッキング

これらの装備に食糧・水を加えてパッキングすることになります。しっかりとした隔室をもつリジッドタイプの艇と、それをもたないファルトボートでは防水の程度が違ってきます。前者では隔室の形に合わせた先細りの防水バッグを用いています。たとえ沈しても隔室に入る水の量はしれているので、防水バッグの防水性能もさほど高くなくてもいいように思います。これに反して隔室をもたないカヤックやファルトボートでは、船底を海水が行き来するのが常態ですから、完全な防水が求められます。

　効率よく詰め込むためには小容量の防水バッグに衣類、テント、シュラフなどと種類分けして入れることになります。また、上陸時や休憩時に取り出す貴重品や、食べ物、飲み物などは出し入れが簡単な場所に入れておくようにしましょう。回数が多くなると、けっこうわずらわしく思えるものです。

　積み込みの際、左右はもちろんですが、前後も重量のバランスをとります。バウが軽いようだと風の影響を受けやすく、反対に重いと水切れが悪く抵抗が強いような気がします。余ったものをデッキに積むことはできるだけやりたくありません。

著者の海旅装備一式。小さな舟でもこれだけの量を積むことができる

図4 カヤックへのパッキング

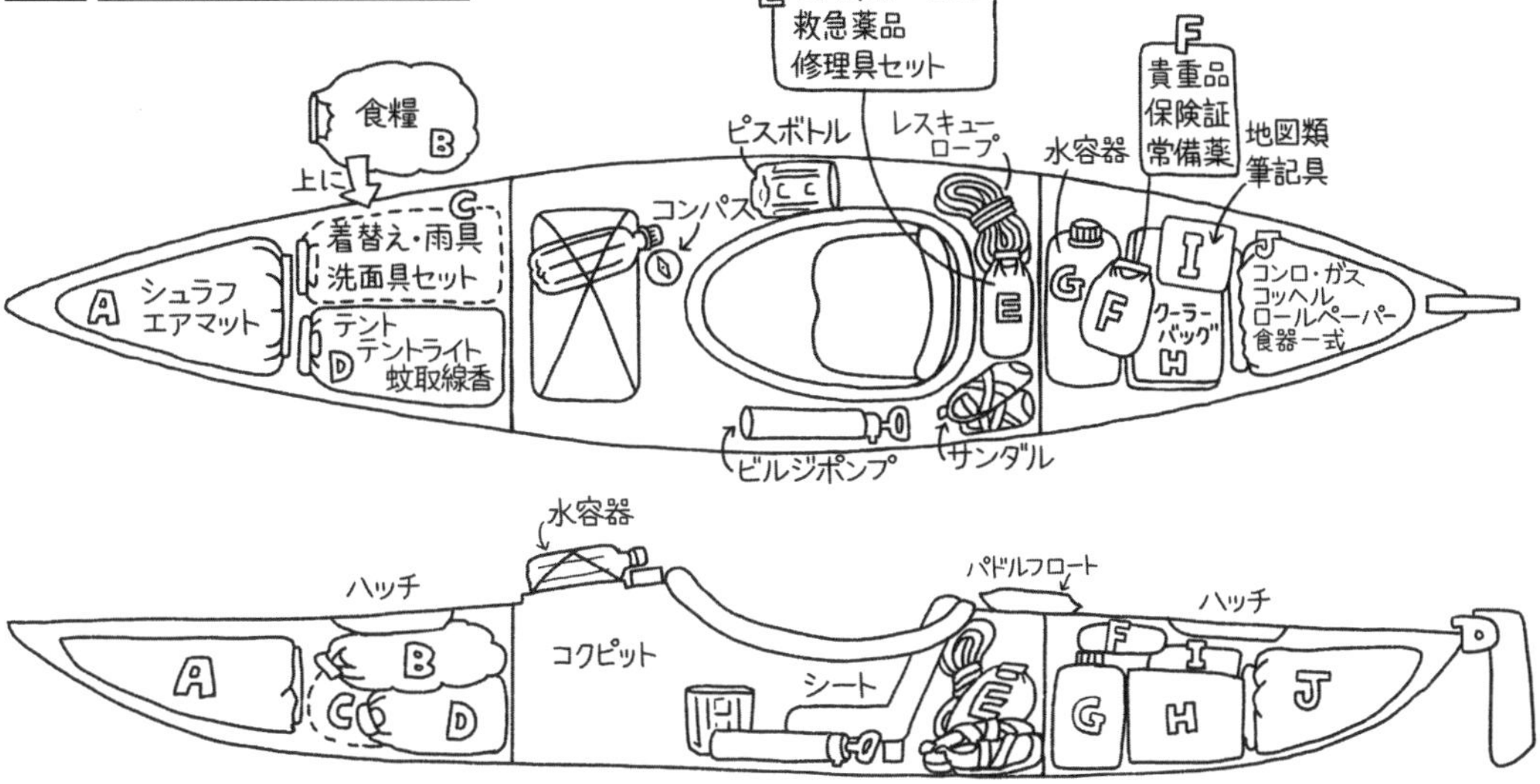

ロールや再乗艇の邪魔になるし、ショックコードで押さえただけのものは、沈したときや荒波をかぶったとき海にもっていかれてしまうからです。隔室内にないものは、船体に紐とナスカンでつないでおいて紛失しないようにしましょう。

荷物も軽く心も軽く

いろいろな無駄や失敗を重ねるうちに余分な装備は淘汰され、その艇と自分に合ったスタイルが生まれてきます。でも、用具の発達は日進月歩、日々、新しく便利なものが生まれてきていります。カヌー雑誌やショップのカタログなどに目を通し、改良を重ねていくことも大切です。あなた自身のより洗練された海旅ができるよう、荷も心も軽くして、さぁ次の海旅へと出かけましょう。

たくさんの荷物をカヤックに積む海旅では、パッキングも大切な技術

表2 海旅装備リスト(キャンプ泊用)

※網掛け欄の装備は濡らしてはならないもの

[カヤック関係]

品名	摘要
シーカヤック	種類(1・2人艇/ファルト)
スプレースカート	
パドル	
PFD	
ビルジポンプ	
ピスボトルセット	ボトル・スポンジ・アブミロープ
防水バッグ	10L〜40L、大小4〜6
防水ケース・カバー	マップ用・携帯用・小物用
コンパス	防水袋に入れシルバコンパス可
GPS	スマホ代用可
パドルフロート	
レスキューセット	発煙筒・ホイッスル・ロープなど
修理具セット	接着剤・補修シート・工具など

●場合によって持っていくもの

スペアパドル	
双眼鏡	
シーアンカー	
カイト	

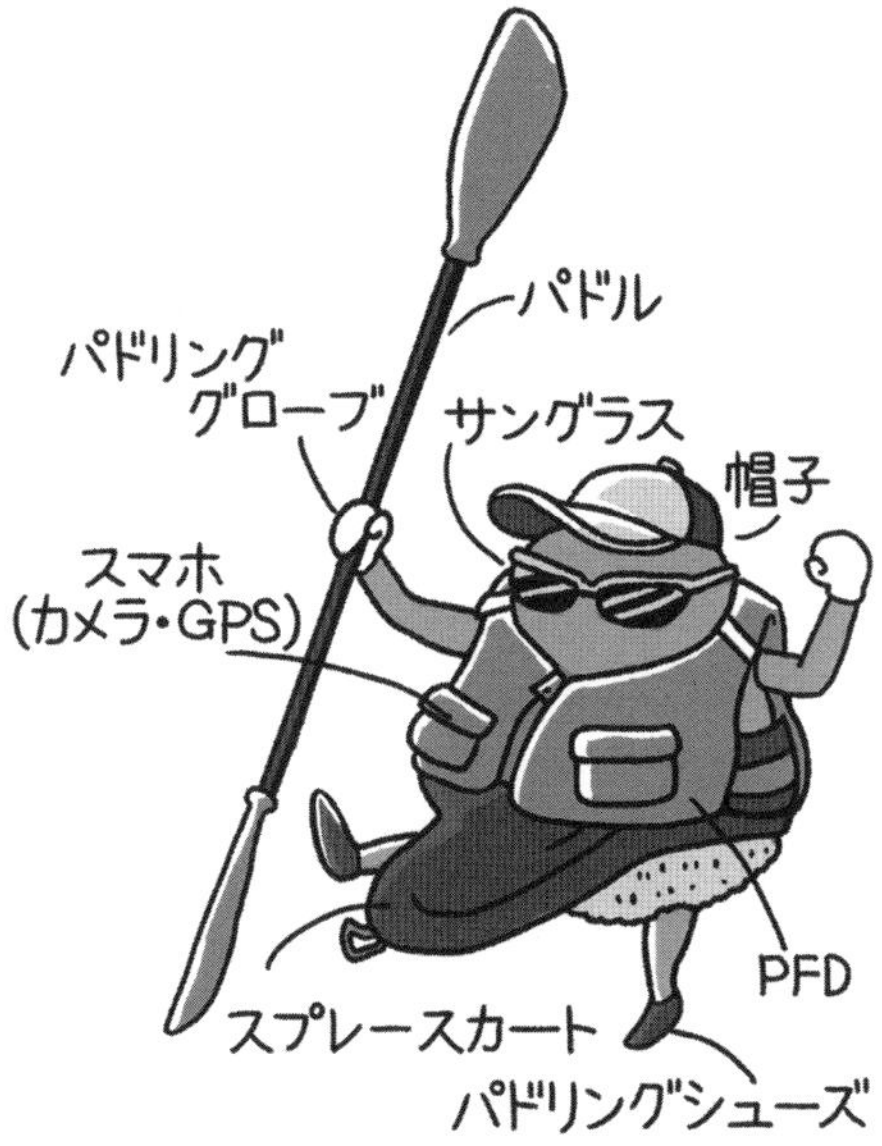

[共同装備]

品名	摘要
テント	本体・ポール・ペグ・フライ含む
コンロ	
ガス	缶
コッヘル	ジェットボイル
ライター	防風仕様
ロールペーパー	キッチン・トイレ兼用
水容器	4L以上
クーラーバッグ	20Lソフトクーラー
蚊取り線香	防虫スプレー等の虫よけ剤
テントライト	共同用
救急薬品	外傷用医薬品・鎮痛・解熱剤等
防水カメラ	スマホで代用可(防水必要)
ラジオ	
地図類	海図・地形図等コピー
筆記具類	筆記具・メモ帳・計画書・潮汐表

●場合によって持っていくもの

バーナーセット	ガスバーナーと家庭用ガス
その他	スノーケル・釣具・潮干狩りセット

[個人装備]

品名	摘要
上着・下着	季節に応じて
着替え	上下一式
パドリングシューズ	運動靴・長靴で代用可
パドリンググローブ	軍手等で代用可
サンダル	
帽子	風で飛ばないよう
サングラス	
雨具	ウインドブレーカーを兼ねる
シュラフ	
エアマット	
ヘッドランプ	予備電池も忘れずに
食器一式	ベッセル・カップ・ブキ・ナイフ
水容器	1〜2L
洗面具セット	タオル・石鹸・歯ブラシ・歯磨き
スマホ(携帯電話)	充電器も忘れずに
時計	完全防水
保険証	コピー可
個人用医薬品	常用薬・日焼け止め・虫刺され薬

Essay❻

私の海旅

カヤックの釣り

私のシーカヤックでの旅の装備に「釣りセット」がある。「スノーケルセット」と並んで、私の海旅の楽しみアイテムとなっている。その中身は写真のようなもので、いたってコンパクトだが、キャンプ用具に食糧、水など積み込んで何日も旅するとなると、そう大きな荷物にするわけにはいかない。それに、フィッシングカヤックのように釣り専用の装具もなく、狭いコクピットの中、足の間で仕掛けの準備、餌付け、取り込みをするのだから、長い竿などは持て余してしまう。小さな木の枠に、50メートルほどの糸が巻き付けてあり、その糸に10センチほどの等間隔でビシという小さな鉛玉がつけられている。この糸の先に、胴付きとか天秤とかいう仕掛けをセットするだけである。瀬戸内海の遊漁船の漁師が、これを器用にあやつって魚をあげていた。それを真似た。

たいていは流し釣りで、カヤックの上で潮の流れるままに流されながら糸を垂れる。重りで底をとったら、少し持ち上げて当たりを待つ。ココンとした手ごたえを指に感じたら合わせて糸をたぐるのである。魚の引きで、こいつは何かな、などと思いながら上げるが楽しい。

最初はタンデム艇の後ろで、私一人でやっていたのだが、前ですることもなく退屈した女房が「貸して」というので貸したとこ

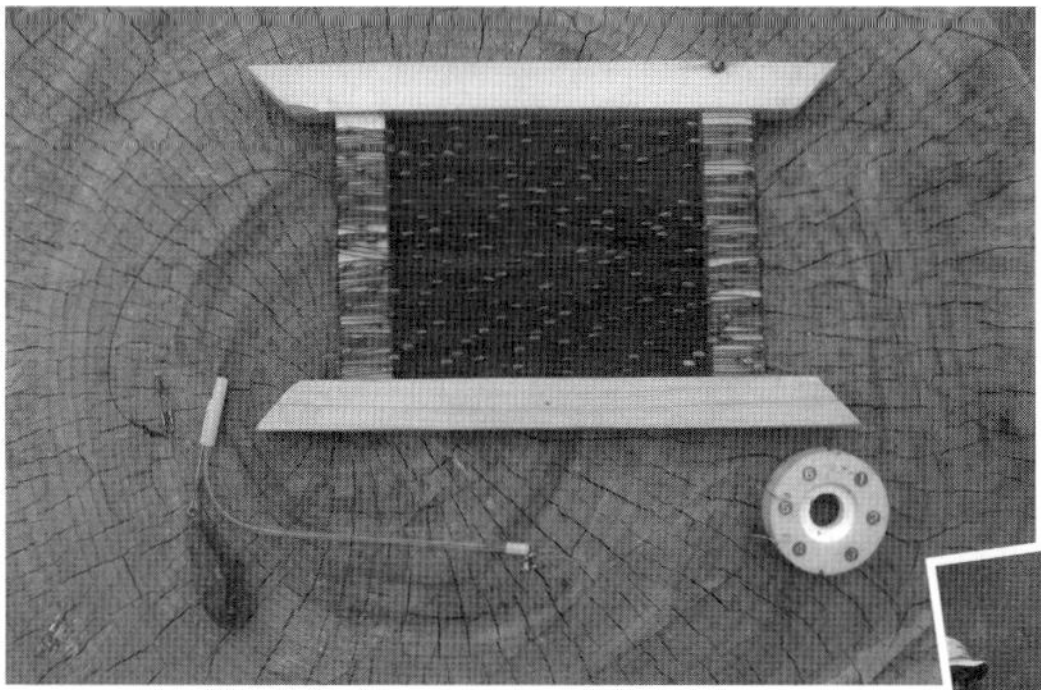

ろ、これにすぐアタリがきて、型のよいガシラが釣れた。ビギナーラッキーに気を良くしたのか、それから女房と二人で釣るようになった。ところが、餌付けから、取り込みまで私に指図するので迷惑この上ない。おまけに同時に釣れたりするとその忙しいこと。それくらいならまだいいが、深く針を飲み込んだ姫オコゼ（ヒレに毒があり、触れたら激しく痛む）などを渡されたときには、こいつと格闘するうちに船酔いしてきて胸が悪くなってくる始末である。

それでも何回かこの釣りを経験するうちに、女房も気持ちが悪いと言っていたゴカイなどを平気でつまめるようになったし、魚はずしも自分でできるようになった。ちょっと悔しいのは、今では女房のほうがいい釣果を出すのである。瀬戸内や山陰海岸でのキス、ベラ、ガシラ、メバルなどは定番で、知床ではカレイ、若狭湾では外道のマダコを釣ってみせてくれた。

航程の途中で釣ることもあるが、魚を生かして運びたいのでネットに入れてカヤックから海中に吊り下げておく。ところがこれが抵抗になってパドルは重く舟は走らない。そこでキャンプ地に着いてから、晩飯までの一時に釣ることになる。ポイントと思《おぼ》しき場所に手軽に行けるから、坊主ということは少なく何かは釣れる。いずれも釣ったら食べる。食べる分以上は釣らないことにしているので、これで十分なことが多い。釣りたての魚は、刺身はもちろん焼いても煮ても、どうしてこんなに旨いのだろうと思うくらい旨い。この海の幸を肴に酒やビールを飲むのである。わずかな釣果とアルコールでこうも幸せな気分になれるのもシーカヤックの旅の魅力である。

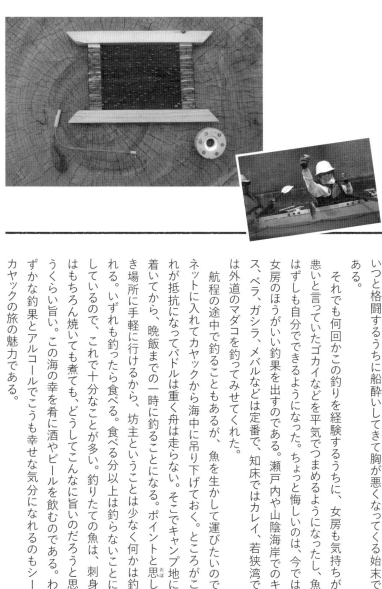

§7 海旅の生活技術

慣れればどこでも生きていけるかも

海旅では海辺の洒落たペンションや料理の旨い旅館・民宿に泊まるという選択肢があります。私もときどきはそういう贅沢をしますが、これにはたいした説明はいらないでしょう。ここでは、山と同じように自然の中で営む衣食住の生活技術について書きます。

生活技術など平凡でありきたりのこと。むずかしいことなど何もありません。どこにいても、飲む、食べる、寝る、排せつするという営みはついてまわります。聞けばなんだ、しょうもないというようなことばかりですが、カヤックに積み込んだ装備、食糧をフルに生かして、電気も水道もない自然の中を何日も旅していくには、知識とともにそれに倍する経験と慣れが必要となります。

自然の中の不自由さを知ることで、たいていのことはしのげるようになりますし、忍耐することを覚えます。天災に遭ってライフラインが途絶えても、こうした経験がある人は現状への適応力が高いかもしれません。

行くか行かないか

生活技術以前の問題として、行くか行かないか、舟を出すか出さないかの判断が要ります。§2「海旅の計画の立て方」の中で「行動判断マニュアル」を説明すると書きましたので図示してみました。中止要件については、§3「海旅と気象」を、実行基準については§4「海象と海図」を参考にしてください。要は、大きな天候の流れを把握したうえで、現場は

図1 行動判断マニュアル

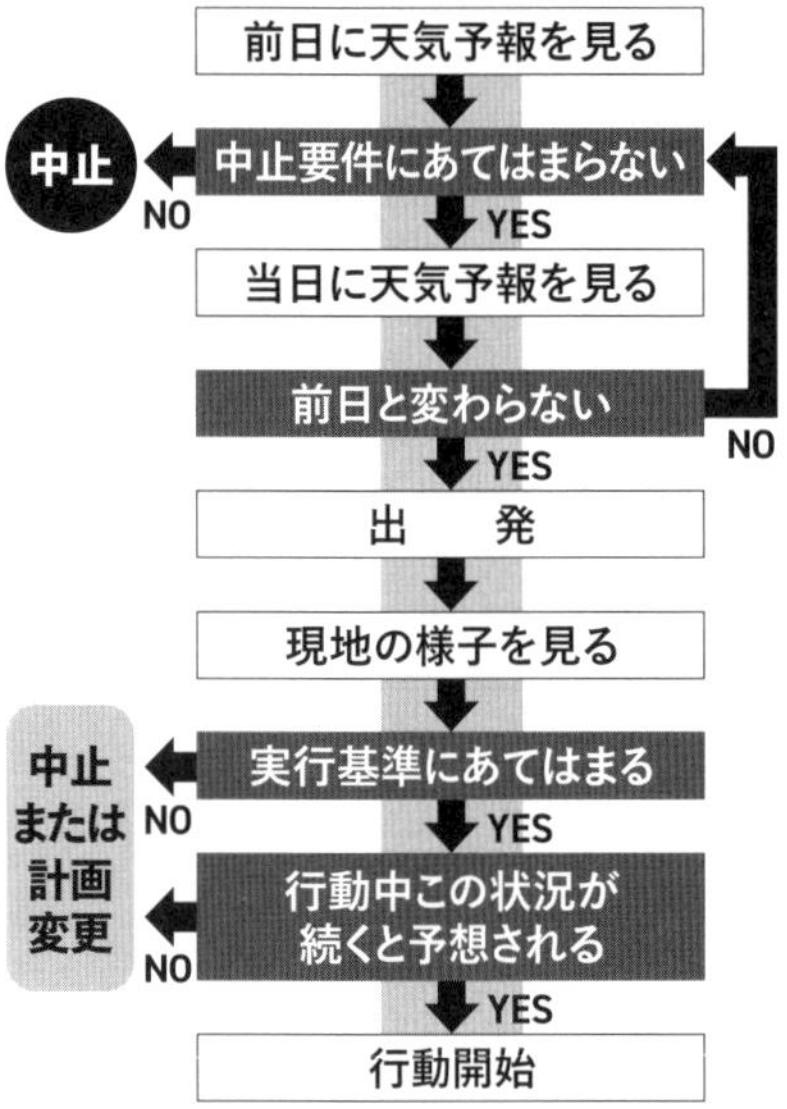

［中止要件］

	中止	中止または計画変更
春	低気圧	気圧の谷
夏	台風・熱帯低気圧	雷雨
秋	台風・低気圧	気圧の谷
冬	低気圧・強い冬型	弱い冬型

［実行基準］　（　）内は初心者の場合

天気		快晴〜小雨
視界		500m以上
風	風力	5以下（4以下）
	風速	8m/s以下（6m/s以下）
波	風浪階級	4以下（3以下）
	うねり階級	4以下（3以下）

どうなのか。これによって行動するかしないか、また、計画を変更するかの判断をする一つの指標です。

低気圧の接近があるなら目の前の海が平穏であっても出ないのですが、いま多少風があっても、高気圧の勢力下に入ると予想されるなら漕ぎ出すという逆の判断もあります。このへんが、海旅では難しく、また面白いところだと私は思っています。

実行基準は一応の目安で、パーティーの力量に左右されます。経験者には何でもない波でも初心者には耐えがたい恐怖になることがあります。怖がる様子を見て面白がるという趣味の悪い人を時々見ますが、パニくって沈でもされたら笑ってばかりいられないでしょう。ですから、この実行基準はメンバーの能力によって当然変えていくことになります。

マニュアルはしょせんマニュアルでしかなく、そのとおりにしたからといって安全が保障されるわけではありません。局地的な要因や地形等によって海況が急変することも珍しくありません。海や自然は絶えずその表情を変え、その力に斟酌《しんしゃく》はないのです。変化を予見し、臨機応変の行動で身を守らなければならないのですが、マニュアルにない状況を切り開くのは、知識と経験と、そのときどきの運になります。状況判断とともに悪条件下でも漕ぎ抜く力を養っておくことはとても大切です。

衣食住の「衣」

本題に入りましょう。海旅での衣食住。「衣」については§6で簡単に書きましたので、何を着るかではなく、どう着るかについて。

カヤックに乗って出発してからは原則として着替えはしません。海のおだやかな夏の日には、岸辺に寄せて、着衣のまま泳いだり、スノーケリングをしたりします。泳ぎ終えて再乗艇したら残りの距離を目的地まで漕ぐので、塩がべたついて多少不快に思えますが、どうせ汗で濡れます。一日の航程を終えて、宿泊予定地に着いたらそこで初めて着替えます。これが、普通の流れですが、例外もあります。それは、春、秋の寒い時期に沈して濡れてしまったときです。低体温症にならないうちに早急に陸地に上げ、乾いた暖かいものに着替えなければなりません。これは通常のことではなく非常時にあたります。

目的地に着いて一番よいのは、歩いて行ける範囲に温泉があること。次は近くの海水浴場やキャンプ場のシャワーが使えること。こうした施設がない場合は、小川や滝で水浴ができること。これらの条件は調べて、計画段階で織り込むことができるので、できるだけ都合のよい候補地を2～3選んでおきましょう。宿泊予定地で水が得られない場合には、航程の途中で水浴をし、服ごと潮を洗い流しておけばいいでしょう。でも、水を得られないこともあります。そのときは、携行した水でタオルをしめらせて身体を拭きますが、最悪の場合は、潮と汗にまみれたまま衣服だけ替えることになります。やや不快なだけで死ぬことはありません。1日か2日の我慢です。

目的地に着いて、テントを立て、主な荷物を運んだなら、汗をかく仕事は終わります。それから何らかの方法で潮を落とし、濡れた衣服を脱いで乾いたものに着替えます。あとはゆっくりと夕食の支度にかかればいいでしょう。

濡れた行動着は外に吊るして乾かし、翌朝また着るので、撥水性がよくて乾きの早いものがいいですね。撥水性のよい下着なら、着たまま乾かすというのも一法です。

朝がきたなら行動着に着替え、乾いた着替えはドライバッグにしまいます。長い海旅なら、このサイクルをくりかえすことになりますが、途中、上がった町でコインランドリーなどがあれば、一挙に衣類をフレッシュアップすることができますし、きれいな川の流れがあれば、半日を費やして洗濯をするのもよいでしょう。

流れ着いたトロ箱の食卓

「食」は楽しみ

次は「食」。カヤックのエンジンは人ですから、ここにエネルギーを補充しなければ動きません。このエンジンは粗末な燃料を入れると文句を言うから始末が悪いですね。

さて、カヤックを上げ、テントを張り、エアマットをふくらませて、シュラフをテントの中にほうり込めば、寝る準備は完了。流木をベンチにし、適当に拾ってきた板切れでテーブルを作り、周辺に蚊取り線香を立て、手足と首に虫よけスプレーをしたら、あとは陽が沈むまで、ゆっくりと飲み食いしながら過ごします。海旅の至福の時と言っていいでしょう。

クーラーボックスには、凍らせたペットボトルの氷がまだ残っていて、ビールは冷えたまま。乾きものをつまみながら、そいつを飲み干すと疲れた体にアルコールが回って、次第に饒舌になってきます。板テーブルの上ではコンロにかけられたお湯が沸き、レトルトのカレーが温められます。傍らにはアルファ米が湯を吸って膨らみつつあります。

流木のテーブルとベンチ

食べ物は質素でかまわないのです。保存がきき、調理が簡単でゴミを出さないとなると、フリーズドライのものが一番かと思いますが、最近流行りのメスティンで炊く米も捨てがたく、チャーハンなどの冷凍食品もクーラーボックスに入れておけばもちます。キャンプのように凝った食事を楽しむのはいいのですが、手間暇と準備品が多くなりすぎると、槌《つち》より柄《え》のほうが重いということになりかねません。長い海旅では食事は簡素にいきましょう。

朝凪ぎの内に距離を稼ぎたいとき朝食は簡便にします。カップ麺とかシリアル・パンをよく使います。行動中、デッキの上には水やお茶、スポーツドリンクを置き、脱水や熱中症に備えます。昼食はパンがメインで、上陸時に湯を沸かしてコーヒーやスープを添えます。

日帰りとか、1泊程度の短いツーリングなら食事そのものを楽しむのもいいでしょう。そんなときは、おもいきり贅沢に趣向をこらしていきましょう。ステーキにシャンパン、アヒージョにワイン、釣った魚で日本酒。お好み焼きにビール。どうしても食事(燃料)にアルコール(潤滑油)が欠かせないのが私の悪いとこです。

「住」の要点は泊まる場所

「衣」より重要なのは「住」、つまり旅では泊まる場所ということになります。これは生命の危険につながる重要なことですので、詳しくいきたいと思います。

宿泊地を選ぶいくつかの条件がありますので順に。

①カヤックが安全に発着できる

カヤックが着けられないような場所は上陸もままならないので、泊まりようもないのですが、夜の内に風が変わって岸辺が波立つことがあります。また、朝起きてみたら、干潮で数百メートルの干潟が現れていたというようなこともあるので、気象、潮汐も考慮に入れなければなりません。

②テントが張れるくらいの平坦地がある

傾斜地は寝苦しいし、平坦地でも石がごろごろしていては寝られません。多少の凹凸なら適当に整地して、テントスペースを確保しましょう。また、日に焼けた砂浜は、真夏に床暖房をして寝るようなことになります。

③崖崩れ、落石、そして洪水の危険がない

海岸の崖下などテント場としては論外です。下に鋭角の岩や真新しい断面のある石が転がっているような場所は、ごく最近に落石があった証拠です。河口の干上がった河原もいったん雨にみまわれれば流れの中となるので避けたいですね。

④満潮時に冠水しない

猫の額ほどの砂地にテントを張っていたら、夜の間に

朝、海は干上がっていた(八重山諸島にて)

満潮となってテントが海水に濡れたという経験のある人は多いかも？ それとも私だけか。

⑤真水が得られる

真水のある場所は何かと便利です。ただし上流に人家や田畑、牧場、ゴルフ場などがあれば、水はよくないですから注意しましょう。

⑥荒天時にエスケープできる

荒天が予想され、天候の急変で動けなくなる場合など、陸路にエスケープできるのは安心です。

これらのことを頭に置き、漕ぎながらキャンプ適地を探して行くことになりますが、実際には計画段階で、いくつかの候補地を選んでおくのがよいでしょう。見当を立てるのに役に立つのが「グーグルマップ」です。写真モードで拡大しながら海岸線を丹念に追えば、けっこうよい場所が見つかります。

安全度と快適さから言えばキャンプ場が一番。次に海水浴場。ただしキャンプを禁じている浜もあるのでそういう所は避けましょう。最後が無人浜ですが、私はむしろこんな場所が好きです。できるだけ人目につかないように密やかに一夜を過ごします。ゴミはすべて持ち帰り、用便は場所を決めて穴を掘り、あとは埋めて痕跡を残さないようにします。漁港や突堤の上は、漁労や港湾作業にどんな迷惑をかけるのか分からないので止めておきましょう。地元の人の不審と不安を呼び起こすようなことは避けるべきです。

いくつかの小技を

①タープ

雨の日や太陽の照りつける浜ではタープが有効です。雨や陽ざしを遮るスペースを確保しましょう。ポールはかさ張るので持っていきません。パドルや海岸に流れ着いている流木や竹を利用します。私がよく使う木組みの一例をあげておきますので、いろいろな条件下で自分なりの立て方を試みてください。

パドル3本を組んでタープの支柱にする

暑いのでタープと蚊帳の組み合わせ

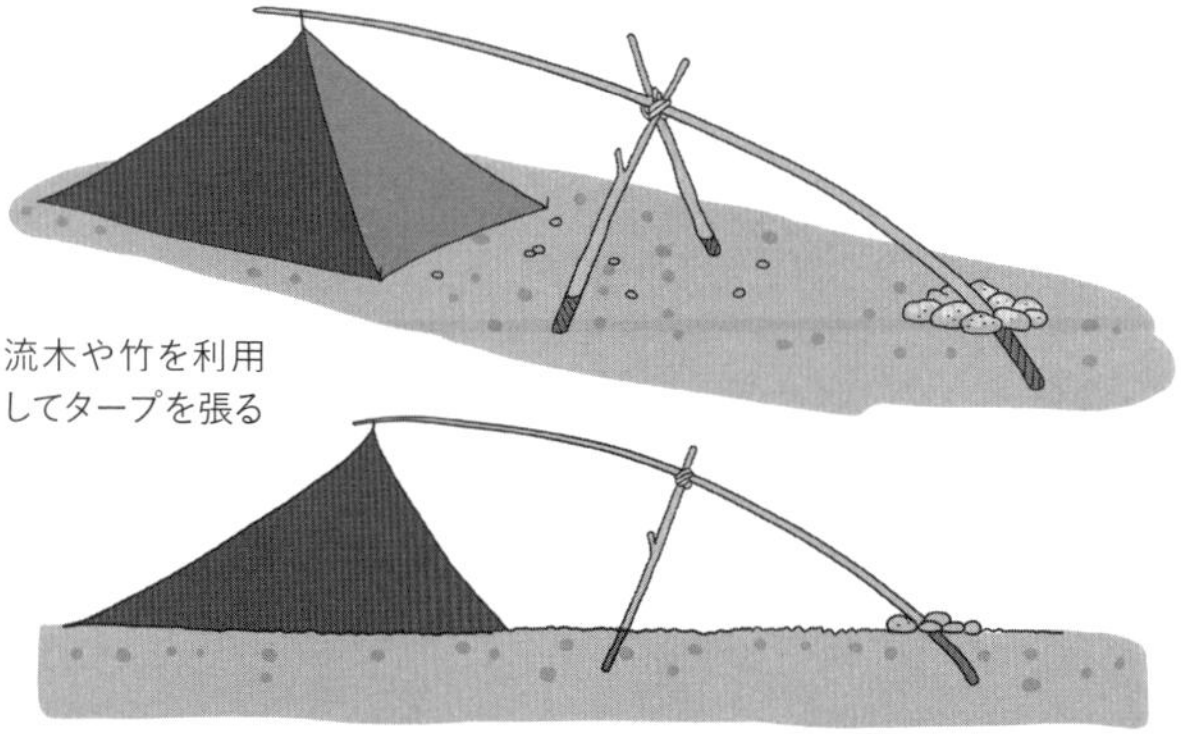

流木や竹を利用してタープを張る

②ビーチコーミング

海岸に打ち上げられた色々なものを、観察したり、集めたりすることをビーチコーミングと言いますが、海辺のキャンプではこれをして楽しみましょう。その中で、きれいそうなものを集めてベンチやテーブルにします。ハンディータイプの鋸やナイフがあると形が整えられます。また流木など持ち帰ってのクラフトも楽しみです。

ビーチコーミング

③焚き火

キャンプでの焚き火は暖をとったり、料理をするだけでなく、そのこと自体が楽しいものです。海旅では、私はガスバーナーを持っていくので簡単に火が起こせるのですが、それでも要領があります。まず、できるだけ乾いた太めの流木を20センチほど離して2本平行に並べます。このとき風向きをみて、木の間を空気が通りやすいようにしておきます。この間に焚きつけ用の小枝を置き、その上に比較的太めの木切れを重なるように並べておきます。あとは風上側からバーナーで火をつけてやります。これでたいていは大丈夫です。一度燃え立つとあとは、適宜薪を足していくだけです。大きな火はいりません。炎を見ながら飲む酒やコーヒーは味わい深いもので、いい夜が過ごせます。

焚き火中の風の向きには注意してください。火の粉が陸地に流れるようなら火を小さくするか消しましょう。一島まる焼けの事例もあるようです。最後は火の始末。でもこれは海辺なのですぐに海水が汲めます。たっぷりかけて火を消し、上に砂をかぶせておいたら完璧です。

キャンプに焚き火は欠かせない

④トイレ

女性が海釣りへ行かないのはトイレに困るからだと聞きました。シーカヤックも同様ですね。中世ヨーロッパの女性が立ったまま用足しができるようにと作られたのがフープスカートと言われていますが、実はスプレースカートも同じように使えます。というのは冗談ですが、多少は役立ちそうに思います。

トイレは上陸した際にできるだけすませておくのがいいでしょう。そうした施設のないところでは、特定の場所に穴を掘ってトイレがわりにして、最後はその穴を埋めて痕跡を残さないようします。もしくは、少し離れた海岸へ行って水洗で済ますというのもあります。波が持ち去るか、魚が食べるか知りませんが、有機物ですから分解は早いので、海洋投棄のプラスチックごみほど環境への影響はないでしょう。

不自由さの中の自由

山、海を問わず、自然の旅での暮らしは不自由なもので、制限された持ち物をフル活用して衣食住をまかなっていくことになります。しかも、そこは電気や水道といったライフラインの期待できない環境であることが多いですから、おのずからそれに適応したやり方を身につけていくことが必要になります。そして大切なのは、忍耐を通じてどんな環境にも人は慣れることができるという確信をもつことです。

ちょっとした不快や不便に、ぶつぶつと不平を言う人がいますが、そうつぶやく前に「できること」「なすべきこと」を探すようにしましょう。それが自然環境に適応するベースになりますし、知識や能力の拡大にもつながっていくのですから。

そういう考え方は、昨今流行のグランピングなどとは対極の位置にあります。自然の中に日常生活以上の利便性を持ち込むのではなく、生存に必要なもの以外は排除して、自然が与えてくれる恵みも厳しさも受け入れようという姿勢は、老いた私の郷愁に過ぎないのかもしれません。でも、そうした不自由さの中の自由の価値に気づけば、人生はもっと豊かになることを、山や海の旅を通じて私は知ってしまったのです。

海岸に打ち上げられる色々な漂着物

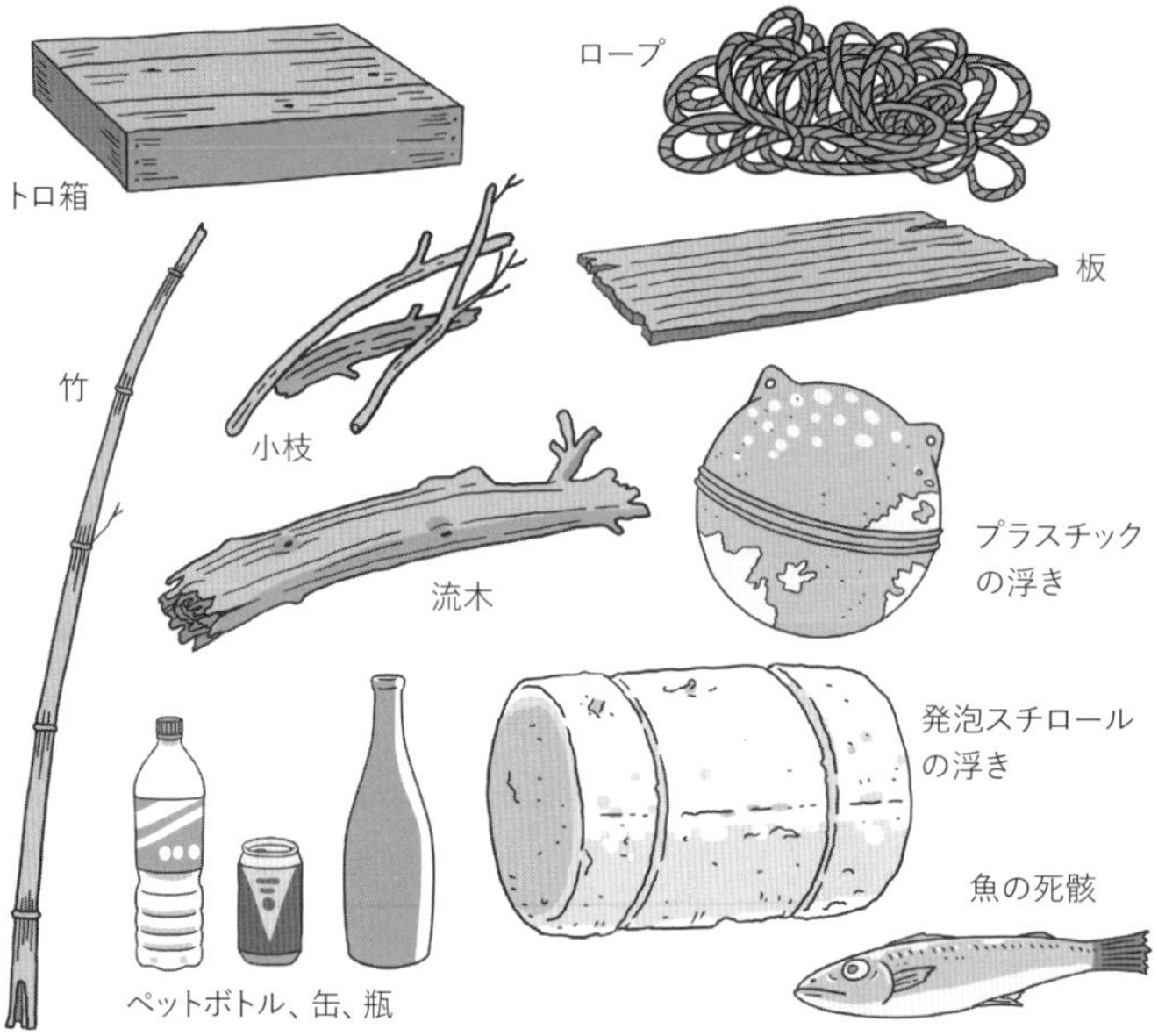

漂着物で作ったベンチやテーブル

不自由さの中の自由の価値に気づかせてくれる海の旅（知床半島にて）

Essay❼

私の海旅

海亀の贈り物

数年前の秋、南紀のとある無人島にシーカヤックで出かけた。私の海旅ではめずらしく10数人の大所帯だった。私たち夫婦は今夜の酒の肴にと思い、その島のはずれでカヤックに乗ったまま釣りをした。他の人たちはみな先行してキャンプ予定の浜に上がり、テントを張り始めていた。よいポイントと思えた場所で、なぜかいっこうにアタリがない。とうとうあきらめて坊主のまま、みんなのいる浜に着けた。

浜には強い異臭がただよっていた。生き物の腐敗臭だ。よく、こんなところに居られるなと思いながら「何、この臭い」と聞くと、近くにいた一人が指さし「海亀の死骸」と言った。さっき他のメンバーが、砂浜の奥に運んだので少しはましになったとのこと。やがて風向きが変わったのか、臭いに慣れたのか、さほど気にならなくなった。

私たちもテントを張り、みんなで宴会の用意。流木もしっかり集めて、飛び火の心配のない場所で焚き火をし、鍋を囲んだ。たっぷり持ってきたビールや酒ですっかり酔っ払ったころ、だれかが海亀の弔いをしてやろうと言い出した。要は、燃え盛る焚火に放り込んで火葬してやるということ。酒の勢いとは恐ろしいもので、私ともう一人が軍手をして海亀の甲羅を持って運んだ。思いのほか

photo by ShigehikoYamagishi / KAZI

軽かった。一部ミイラ化していたのかもしれないし、臭いもきつくはなかった。もっともこれも酒のせいで感覚がおかしくなっていたのだろう。海亀は火の中でしばらく黒いシルエットになって浮かんでいたが、やがて火勢に押されて燃え、くずれて消えた。これが宴会のお開きのセレモニーとなり、眠い者はテントへ、飲み足りない者は焚き火の側に。

　私はロッドを持って近くの岩礁に行き、エギングを始めた。自慢ではないがまったく下手である。自信もあてもなくエギを投げてはしゃくり、引きずりしているうちに、何回目かに重い手ごたえを感じた。リールを回すとエギに白いものが乗っていた。小さなアオリイカだった。私はうれしくて、そいつを持ってみんなのいるところに戻った。この運の悪いイカはたちまちさばかれて、みんなのお腹の中へと消えた。旨かった。欲深い私は柳の下のドジョウならぬ、2杯目のイカを求めて、ロッドを振ったが、それっきりだった。

　翌朝、帰りのカヤックを浜から出していると、アルコールでふやけた頭に海亀が浮かんできた。昨夜のアオリイカは、弔いをしてやった海亀の贈り物だったにちがいないと、そのとき気づいた。でなければ、こんな酔っ払いの振る竿に乗るはずもない。漕ぎ出して振りかえると、焚き火の跡は砂におおわれ、浜には宴の名残もなかった。でも、私の目には、別れを告げるあの海亀の姿が陽炎《かげろう》のように浮かんで見えるのだった。

§8 海の法律とローカルルール

何となく気が引ける

シーカヤックで海を漕いで、もし転覆したり、帰れなくなったりしたらどうしよう。それに、こんな頼りない舟で海に出て、他人からとがめられたりはしないだろうか。それも権限ある海上保安庁とか警察とか、地元の漁師や港湾関係者に。そうでなくても、見知らぬ他人の「なんて無謀な、危険なことは分かっているだろうに」という世間的な常識に。

海旅を始めたころ、こういう不安を持っていました。実を言うと今でもそういう気持ちは、私の心のどこかに澱《おり》のように残っていて、時々、意識の上へと浮かんでくるのです。海では、直接的に生命にかかわるような危険に遭遇します。そういう危地に陥らないための知識や技術、経験の大切さを今までに書かせていただきました。

でも、それとは違う次元での不安があるのです。ヘマをしたら叩かれるという、いかにも小市民的な恐れです。それがどこから来るのか私にはよく分かっていないのです。恐怖や不安は、判断に誤りを招くし、行動を委縮させます。ですから、この辺でこの不安の正体を明らかにしておいて、しっかりとスタンスを確かめていきたいと思うのです。まずは、シーカヤックで海を行くことに法的な問題はあるのかというところから入っていきます。

シーカヤックは海の歩行者

20トン未満の小型船舶やプレジャーボートを操縦するには国家試験を受けてボート免許（小型船舶操縦士免許）を取得しなければなりません。免許取得には実技試験と学科試験が課せられるわけですが、その学科試験の中に海の法律が出てきます。シーカヤックは動力船ではないので、免許が必要なことはありません。でも考えてみたら、海上交通の最弱者とも言える我々シーカヤッカーこそ、自らの身を守るために、こうした知識を身につけておく必要

海の歩行者であるシーカヤックも海上交通ルールを覚えておこう

「自船の右舷側に他船を見るほうが避ける」のは動力船同士に適用される規則ではあるが、シーカヤックは常に避航すべき舟と認識しよう

があるのではないでしょうか。
大型船舶が陸上交通でのバスやトラックとしたなら、小型船舶は普通車、水上オートバイはバイク、カヤックは歩行者のようなもの。道を歩くのに免許は要りませんが、交通ルールを無視することはできません。海を歩くのにも最低限必要なルールは覚えておきたいものです。

大型船からはシーカヤックは見えていないものと思おう。もし気づいても急停止・急旋回できない

海上交通の法律は海の安全を守るため

海上交通は原則自由とはいえ、そこにはおのずからルールがあります。ルールを守って安全にいこうではありませんか。

海上での通行の仕方を定めた法律の主なものは「海上衝突予防法」「港則法」「海上交通安全法」の3つで、海上交通三法と総称されます。

□海上衝突予防法

基本になるのは海上衝突予防法で、船舶交通の一般法です。この法律は、動力船・帆船等の航法、灯火、形象物、信号などを定めています。動力船の動きを知るうえで覚えておくとよいことは、狭い水道は右側端航行であることや、自船の右舷側に他船を見るほうが避航(衝突しないように)しなければならないことなどです。このほかに見張り、避航動作、安全速度、追い越し方法、横切り方法、行き会い方法などが細かく記されています。

また、操縦の容易な船舶が操縦の困難な船舶の進路を避けるのが原則ですから、シーカヤックはいつも避航すべき舟と認識しておくのがよいでしょう。大型船はレーダー航行しており、見張りは立つものの、大海原の木っ端舟など見えていないと思ってまちがいないでしょう。加えて言うなら、大きな船は、急停止・急旋回はできないので、遠くからでもその進路に注意しておきたいものです。

□港則法と海上交通安全法

他の2つの法律は海上衝突予防法に対する特別法になります。特別法は一般法に優先しますから、それぞれの法で特定された港湾や航路では、これらの法が適用されます。船舶が混み合い、事故のおきやすい特定の海域は、そこに適した通行の仕方が別に定められるということですね。

港則法の適用を受けるのは、政令で定められた全国の500港余り。その港内での船舶交通の安全を図る法です。この中で、シーカヤックは「汽艇等」の内、ろかいのみをもって運転する船に該当することになります。汽艇等は港内においては避航義務ありと定められていますので、他船の動きに注意してください。(「汽艇等」とは耳慣れない言葉ですが、平成28年の法改正で「雑種船」が「汽艇等」に改められています)

その他の港内航行の重要な規則は、

- **航路優先**
- **出船優先**
- **右側通行**
- **並列航行の禁止**
- **航路内追い越し禁止**
- **防波堤、埠頭突端付近は「右小回り、左大回り」**

などです（イラスト参照）。なお、汽艇等は、夜間は白色の携帯電灯または点火した白灯を表示しなければならないとされています。

港湾には都道府県・市町村などの地方自治体が設置し管理するものもあって、自治体ごとに港湾条例が定められています。内容的には管理や使用・占用などに関することが多く、シーカヤックにはあまり関係ないように思えます。ただ、北海道の漁港管理条例では「他の船舶から見え難く危険」との理由でシーカヤックの使用が禁止されているようです。

海上交通安全法は、船舶がひんぱんに行きかう狭い航路の安全通行を図るための法律です。この法は、次ページの資料1のとおり東京湾、伊勢湾、瀬戸内海の11カ所の指定航路に適用されます。

重大な衝突事故を防止するため、50メートル以上の船舶は航路内の航行が義務付けられています。主な内容は、航路優先のほか、航路は直角にすみやかに横断する、錨泊の禁止、漁労船との関係など、こと細かな規定があります。細部に目を通すのもいいですが、狭隘《きょうあい》で潮流が速く大型船の行きかう場所など、まったくシーカヤック向きではないと認識しておけば足りるでしょう。

以上のように船舶の航行には一定の法規制はありますが、シーカヤックで海に出

港則法に定められた港内航行の規則

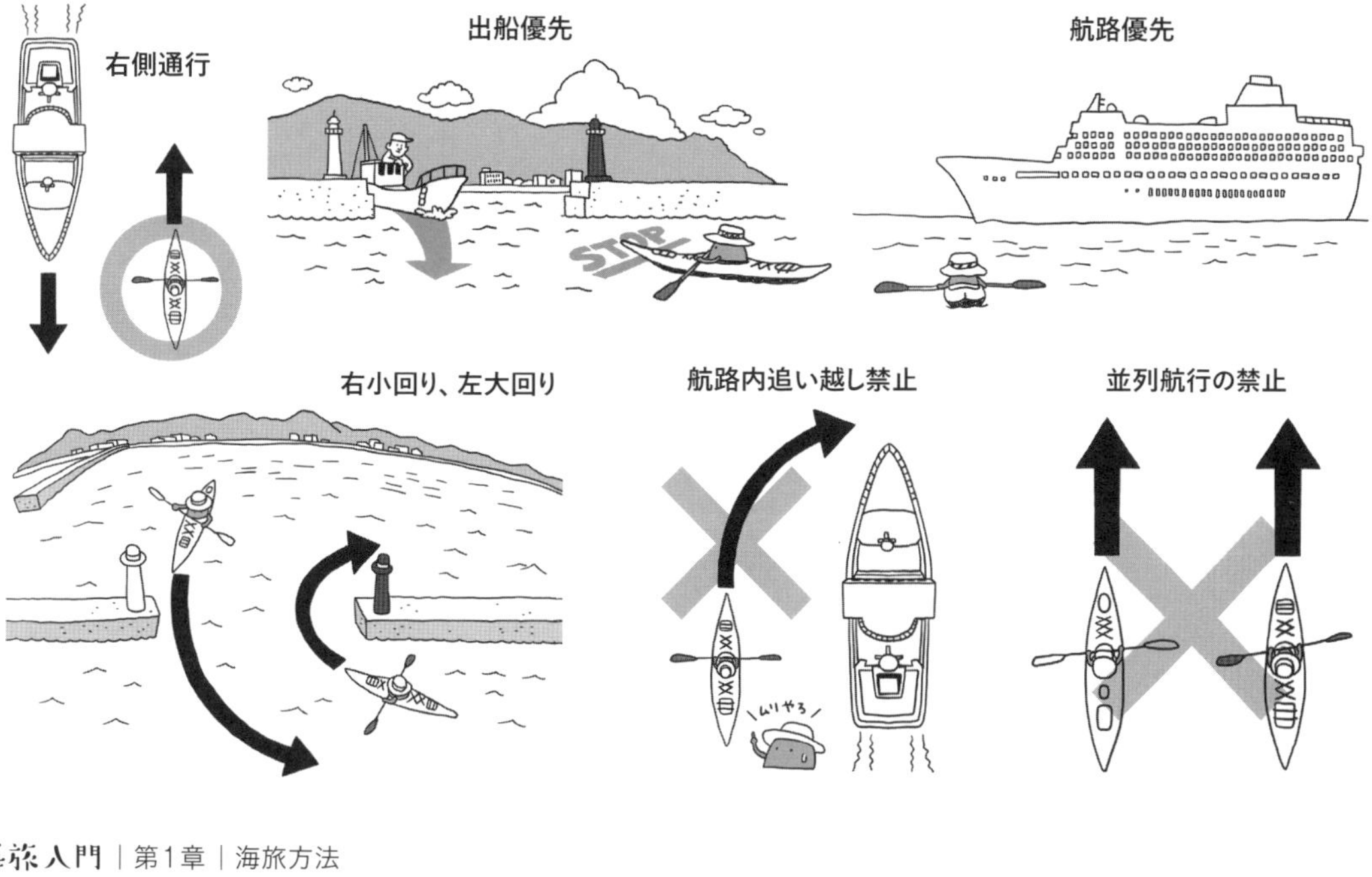

てはならないとは、どこにも書いていません。だから、ほとんどの海域を私たちは自由に漕いで旅することができるのです。

ローカルルールはこうしてできるのかも?

でも、自由だからといって、何をしてもいいということにはなりません。アメリカの州法には、ずいぶんと変わった法律があります。例えば「消火栓にワニをつないではならない」とか「映画館にライオンを連れ込むことは違法である」とか。実際にやった人がいるからできた法律に違いありません。

港に入るときに、多数の舟で横に並んだり、出港する船の舳先を横切ったりすると、たちまちシーカヤックに危険・迷惑のレッテルが貼られます。このことを、私たちは十分に自覚しておかなければなりません。一部の心無い水上オートバイのドライバーが、爆音を立てて海水浴場や観光船の近くで走り回って、すっかり嫌われ者になったのを知っています。そうならないように、私たちも十分注意したいものです。

同じようにシーカヤックで目に余るふるまいをすると「出艇、上陸を禁ず」や「港湾内立入不可」など、迷惑を覚える側からのルールなどすぐにでも生まれるでしょう。何か不都合なことをしておいて、「だれが文句を言っている」「やってはいけないなら、そう書いておけ」「注意もしないで、いきなりやめろだと」という小児的な開き直り

資料1　(『小型船舶操縦士学科教本』より転載)

海上交通安全法の適用を受ける11の指定航路

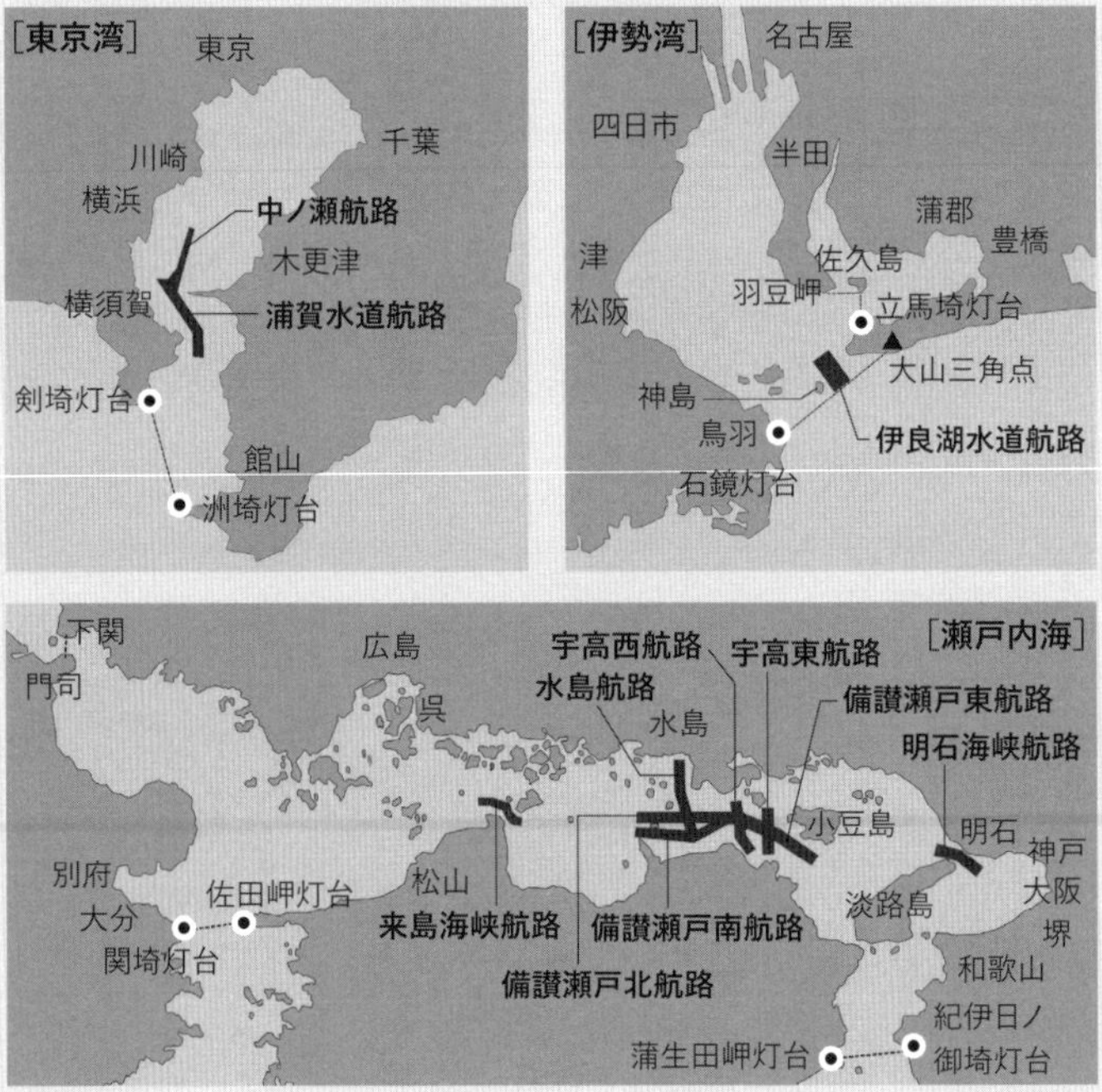

に対して規制が強まるのは、世の習いというものです。

例えば、シーカヤックで先の指定航路に入るとしましょう。そのイメージは、高速道路の中を歩いていくようなものになります。実際、遠くに見えても大型船は見る見るうちに近づいてきますし、左右から来るこれらの船をかわしながら行くのは気分のいいものではありません。しかしながら、物理的にも法的にも航路をシーカヤックで横断することはできます（一部できない区域もある）。でも、そこで衝突事故が起きたなら、双方の過失の如何にかかわらず、新たな規制が検討されることになるでしょう。結論は見えています――「シーカヤックの安全を守るために、航路内の進入を禁ず」――この前段の目的にはだれも抗うことができません。

トラブルを避けるために

□出艇場所

漁港や港湾などからカヤックを出す場合は、それを下ろす前に近くにいる人に打診をするのがいいでしょう。はっきりした返事をもらえない場合は、権限のありそうな人を探すか、他の場所を当たるほうが無難かもしれません。また、私有地も避けるようにし、カヤック禁止の張り紙などがしてある場所は過去に何らかのトラブルがあった場所ですから、出艇はやめておくべきです。

□駐車場

知らない土地で駐車場所を探すのは、なかなか難しいものです。他府県ナンバーの車が長時間、ときには数日にわたって停められているのは不審に思われて当然でしょう。日帰りであっても、だれか土地の人にたずねて許可をもらう、少なくとも認知してもらっておくことは必要です。

□海水浴場

最近はシーズン中でも閑散としていることが多い海水浴場ですが、混み合っている場合は、少し場所をずらして人との接触を避けるようにしましょう。

□遊覧船

有名な海岸の観光地では遊覧船が出ることが多いです。遊覧時間が分かっていれば、その時間をはずすようにするか、早朝か夕暮れの営業時間外に行くようにしています。シーカヤックをうるさく思わないでいてくれる遊覧船もありますが、営業妨害になるようなことはしたくないですね。

□漁労者

近くを通るときは、会釈やあいさつをするようにしています。半分くらいはあいさつを返してくれますが、知らない、聞こえないままに通り過ぎていくことも多いです。箱眼鏡を覗いてサザエやウニを採ったり、潜水でアワビなどを採っている人は、漁労時間に制限があるので邪魔をしないように。また、網を流したり、引き上げたりしている漁船の進路に出てはなりません。

漁港などからカヤックを出す場合は、地元の人に声をかけて了解を得よう

定置網は喫水の浅いシーカヤックなら、沈んだロープの上を通過できます。でも、他人が畑の中を歩いているようなことになるので、できれば避けたいですね。瀬戸内海に多いノリやカキの筏《いかだ》近くで怒鳴られたことはありませんが、できるだけ迂回して行くようにしています。

定置網やカキ筏などはできるだけ迂回しよう

□昆布干し場

北海道のある島で、きれいに整地された砂利浜だなと思い、いい気で歩いていたら「そこは昆布を干す場所だ」と言って叱られたことがあります。

気をつけていても知らず知らずのうちに、迷惑をかけていることもあるのかもしれません。トラブルになりかけたら、まず謝りましょう。それからゆっくりと何が問題なのか理由を聞くようにしたいものです。たとえ、それが納得のいかないものであっても、争ってまで我を通すことはないと思っています。トラブルはせっかくの楽しい海旅を一瞬にして不味くしてしまいます。いやな出来事は早く忘れて、尻の砂を払ったら次の航程へと移るのが得策です。

知らないでは すまないことも

最後に、私の無知ゆえの失敗をひとつ。

ずいぶん昔ですが、ある河川を10人ほどの友人たちとカヤックで下ったことがあります。10キロほど下って、最後の潮止堰堤を越え、とある大橋の下をくぐり河口の砂浜に上げました。メンバーの中に新聞記者がいて、翌日の朝刊にこの川下りの記事が載りました。するとその日の午後に海上保安庁から電話があったのです。私たちがくぐった大橋から下は特定港湾内であり、そこでの行事は事前に届け出て、許可を得なければならない、との指摘でした。河口の砂浜、そこが特定港内であるとの認識も、行事という自覚もまったくなかったので、これには面喰らいました。多数で同一の行動をとるのは行事に当たるという説明にも驚きました。単艇ならよいのかと尋ねると、それならかまわないとのことでした（資料2参照）。保安庁は新聞記事を見て、一言注意しておかなければと思われたのでしょう。いい経験でしたが、広い海が急に狭く感じられたものです。私の漠たる不安も、冒頭に述べたあたりに根があるのかもしれません。

「法の不知はこれを許さず」はひとつの法諺《ほうげん》ですから、海上保安庁を悪く言うつもりはまったくありません。全国に11管区ある海上保安庁は、日本の海洋情報の大元ですし、海難救助のオーソリティーです。いざというときに一番に駆けつけてくれるのは彼らです。海の警察というイメージが強く、何か敷居が高い感じがするのですが、海洋レジャーへの情報提供や安全啓発なども行い、最近はシーカヤックへの理解も深まっているようです。海の旅をする上で知りたいことや疑問があれば、各管区にある「海の相談室」を訪ねるといいでしょう。私が出会い、お世話になった海上保安官はみな紳士で親切だったことを付記しておきたいと思います。

資料2

港則法第32条：「特定港内において端艇競争その他の行事をしようとする者は、予め港長の許可を受けなければならない。」

『行事とは、端艇競争、祭礼、パレード、海上訓練、水上カーニバル、花火大会、遠泳大会、海上デモ等、一般的には一定の計画の下に統一された意思に従って、多数の者が参加して行われる社会的な活動を言います。参加する船舶等が少数であっても、水域を占有したり、船艇が隊列を組む等、航路や泊地等を通常の航行形態とは異なった形で航行する行為は、行事に該当します。』

行事の範囲として、鹿児島海上保安部の『書類作成の手引き』から抜粋しました。全国に87ある他の特定港もほぼ同様の文言です。港内でドローンを飛ばすことも行事に当たるようなので注意してください。

自由な海旅を続けるために

シーカヤックは艇の保管・運搬や海への恐れ、指導者の少なさなどのハードルが高く、なかなか大衆化しにくいようです。もっと仲間が増えてほしいと思う反面、このまま流行らずにいてほしいという思いもどこかにあります。必要な知識や技能を学習しないままの人が増えると、摩擦や事故が起こり、規制の強まることになりかねません。過度の自制や自粛を強いられることなく、シーカヤックで水平線を漕ぎ進む自由な海旅が、いつまでも続けられるよう自ら学び鍛えていきましょう。

カヤックでの自由な海旅がいつまでも続けられますように！

Essay❽
私の海旅

漁師とカヤック

海上で漁師に出会って話をすることは案外少ない。網を引くような大きな船はカヤックなどが傍らでウロウロすると目障りだろうし、小舟で箱メガネを覗いてサザエやウニを獲っている人はめったに顔を上げない。資源保護のため漁労の時間が決められているのだから、その間の仕事の邪魔をしてはならないし、話しかけて迷惑がられても気まずい思いが残る。

漁港にいる人とは時々話をする。カヤックを上げ下げするのに断りを言ったり、潮のことをたずねたりすることが多いからである。たいていの人はそんな舟でようやるわ、という反応をする。そして心配性な人は止《や》めとけとか死ぬぞとか言って小心な私たちをさらに怖がらせる。この忠告を聞いていては10の内8、9はそのまま帰らなければならなくなる。そういう訳にもいかないので丁寧にお礼を言うか、話を突っ込んで何が危ないのかを詳しく聞かせてもらい、それを頭の片隅において漕ぎ出すことになる。

瀬戸内のある港で準備をしていると「アホなこと止《や》めとけ」と漁師に笑われた。笑うのはまだ好意的だから、私の方も「あんたらの3～4代前はみんな手漕ぎ舟で漁をしていたんじゃないのか」という軽口の一つもたたけそうな気がする。でも本気で止《と》め

られたりしたら、漕ぎ出しても心のどこかにわだかまるものが残り、もし万一事故を起こしたりすると、それは非難の格好の材料になる。「ワシらが止《と》めるのも聞かず、無理やり出ていった」と言われれば抗弁のしようはない。こんな面倒を避けるため、私はできれば人目につかないような浜や磯から漕ぎ出したいと思っている。

ある夏のことだが、北海道のある水道を漕ぎ渡っていると真ん中辺りで漁船がやってきて「危ないから止《や》めろ」と怒鳴る。行くも戻るも同じような距離だからリスクは同じ。止《や》めてどうしろというのだ。波にもまれているカヤックが危なっかしくて見ていられないから、船を寄せて忠告してくれるのだろうが、その気持ちはありがたい反面、ここでは迷惑でもある。実際、数メートルまで近づかれると漁船の船腹で波が返されて危なくて仕方ない。「早く離れて」と相方が小声で叫ぶ。

水道の横断距離はもちろん波も風も潮流も調べ、気象予報とその時の海況を照らし合わせた上で、横断可能と判断して出てきているのだが、それを説明し納得してもらうには時間がかかる。親が子を叱るような頭ごなしの言い方に困惑しながら、私たちは「(心配してくれて)ありがとう、(でも、もういいよ)ありがとう」を繰り返し、繰り返し言って離れた。

「海の藻屑になるぞ!」エンジンと風の音で私にはよく聞き取れなかったが、漁師はそう叫んでいたそうだ。これは海の怖さを知る者の実感だろう。海に生計《たつき》を求める漁師たち、好んで海を旅する私たち。ともに「板子一枚下は地獄」の世界にいることに違いはないのである。

THIS WAY

第2章

海旅紀行

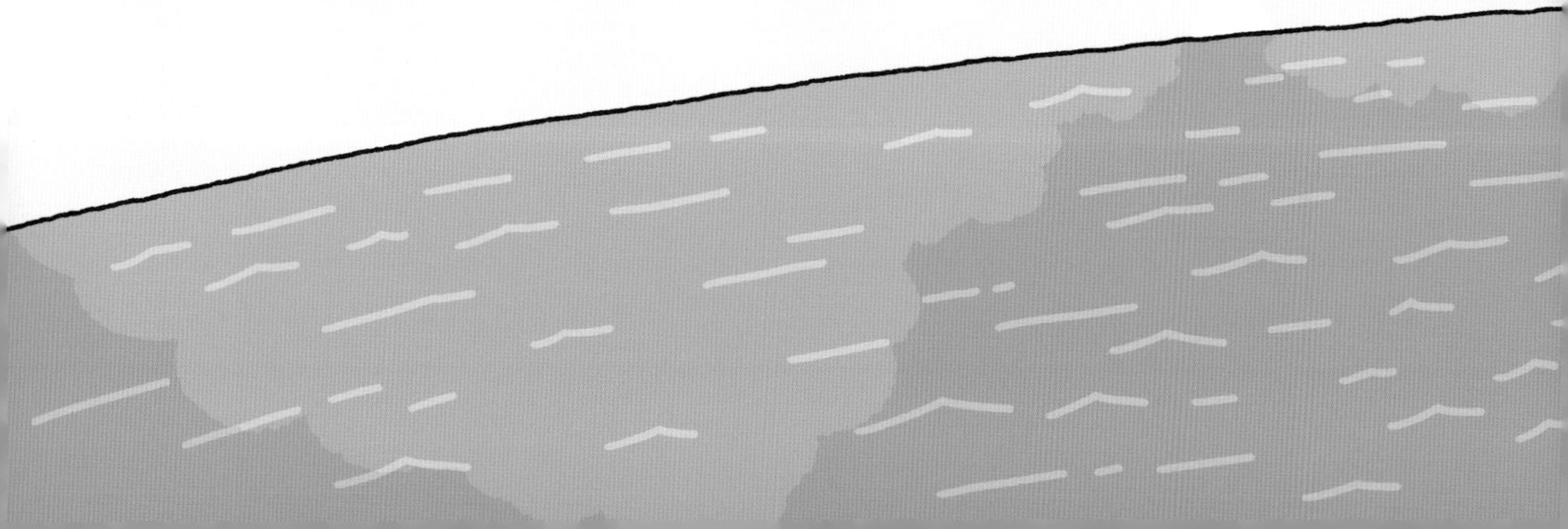

§1 ふるさとの海

瀬戸の朝ぼらけ

海に挟まれた兵庫県

私が住んでいる兵庫県は南北とも海に面しています。言わば海に挟まれた県で、南は瀬戸内海、北は日本海。ここを足掛かりに私は海旅に出かけるようになりました。

この2つの海の性格は少し違っていて、それぞれの海を漕ぐときには、計画の立て方も心構えも自ずから変わってくるのです。その違いを知ったとき、太平洋はどうだろう、東シナ海は、オホーツク海は？　などと思いをはせるようになりました。同じように「海」と言っても、それぞれの海域の個性があり、その個性に応じて海旅をしなければならないと気づかされたのです。そう考えるベースに、この2つの海がありました。これは幸運であり、いい所に住まいしたと言わなければなりません。では、私の海旅の出発点となったフィールド、ふるさとの海と呼びたい瀬戸内海と日本海を紹介しましょう。

瀬戸内海

瀬戸内海は本州、四国、九州に囲まれ、東西450キロ、南北15～55キロ、面積は2万3203平方キロ（瀬戸内環境保全特別措置法）とされています。多島海であり、外周0・1キロメートル以上の島は727で、それ

図1 瀬戸内海東部

この海域での私の航跡。一度きりのものも、何度も通ったものもある。シーカヤックでの海旅の経験を積むにはいい海域だが、おだやかと言われながらも荒れると怖い。潮を知り、風を覚えて、油断なく漕ぎ出そう。

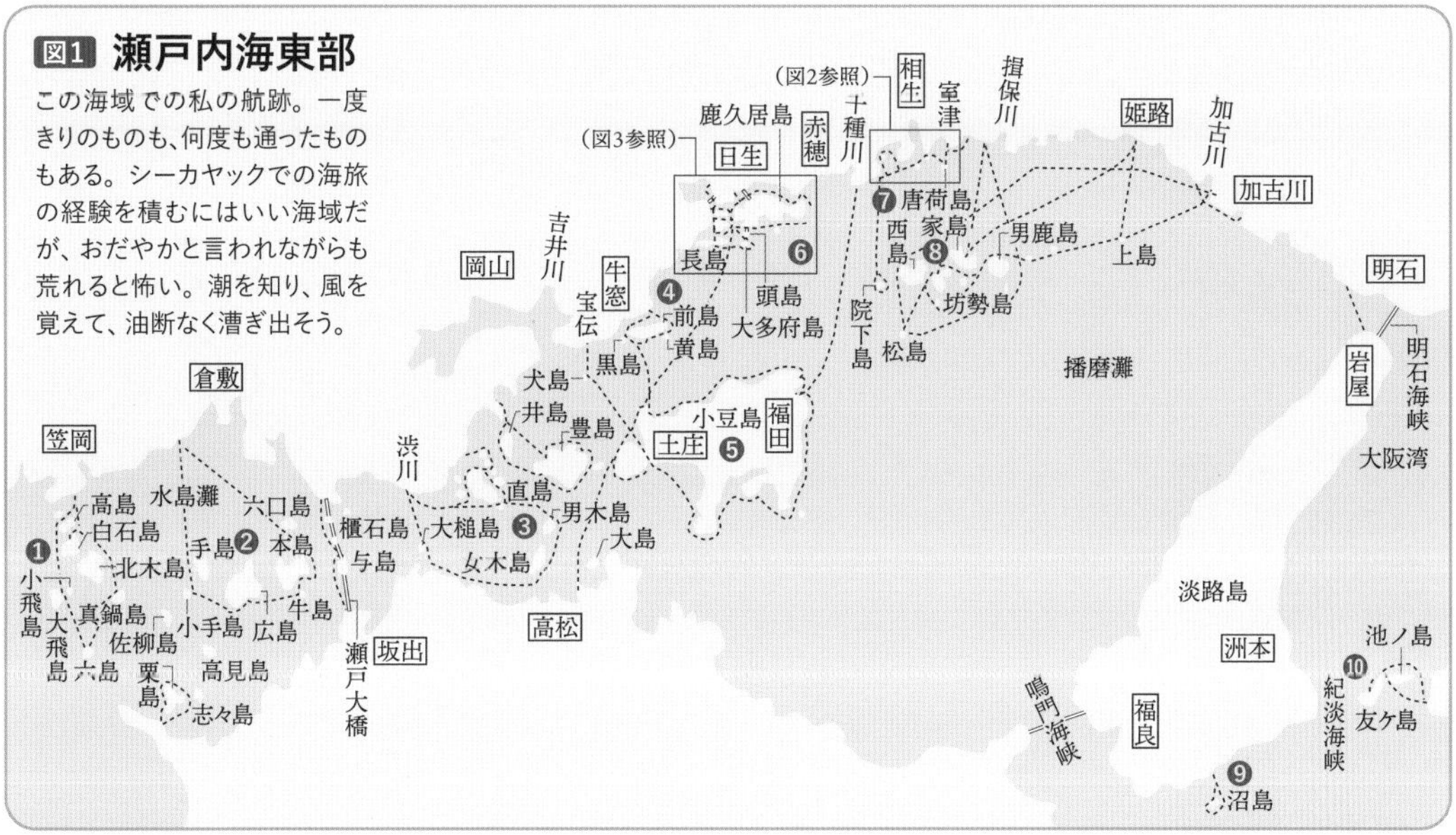

❶ 笠岡諸島

縄文からの歴史を秘めた笠岡六島。島おこしの様々な試みがなされている島々を行く旅は楽しい。神島西端の御崎、その東にある浜から出艇できる。ここは瀬戸内海の潮境で東西から寄せる潮の流れがあるという。

❷ 塩飽《しわく》諸島

本島を中心とする28の島々は塩飽水軍の拠点。人名制度の下、自治が許され、海運により栄えた。歴史を知り、その遺産を訪ねながら島々を行くのが面白い。潮湧く海を行くのに潮流の知識は欠かせない。

❸ 直島諸島

直島、豊島、犬島、男木島、女木島などは、いずれもアートの島として注目されている。これをカヤックで巡る海旅は、海に描くアートかもしれない。備讃瀬戸の航路だけでなく、船舶の往来が多く、潮も速いので、犬島以外は初心者向きとは言えない。

❹ 牛窓諸島

牛窓海水浴場には駐車場があり出艇しやすい。日本のエーゲ海と呼ばれ、島は緑で海は青い。前島にはキャンプ場があり、泊りがけの海旅に慣れるのによい。

❺ 小豆島

宇野、高松などからフェリー航路が通じている。2万数千人が住む大きな島で、観光地も多い。カヤックで渡るには牛窓からが一番近いが、宝伝の浜から犬島経由で行くのもよい。島1周は1泊2日でできるだろうが、やはりゆっくりと観光しながら回りたい。

❻ 日生《ひなせ》諸島

日生の海には大小の島々が浮かび、おだやかなことが多い。海旅を始める頃に訪れるとよい海域である。(詳細は91ページ図2参照)

❼ 坂越湾、室津沖

坂越湾はシーカヤックの入門に向いている。丸山海岸にはキャンプ場があり、出艇できる。(詳細は92ページ図3参照)

❽ 家島諸島

大小40余の島々があり、姫路の飾磨港から連絡船が出ている。採石と漁業で栄え、他島にない活気がある。カヤックで渡るには、姫路から赤穂までの間に数カ所の出艇可能な場所がある。どこから出ても10km前後漕いで島に達する。長い海旅に慣れるのによい。

❾ 沼島《ぬしま》

土生港の東側の小さな浜から出艇できる。沼島までは3km強。島南東岸は荒々しい風景で、漁港のある北岸とは対照的である。うねりが入るので要注意。国生み伝説、鱧(はも)の旨い島として有名である。

❿ 友ケ島

加汰の浜から出る。友ケ島と池ノ島との間の中ノ瀬戸は潮が速く波立つ。漁船も多いので要注意。友ケ島は戦争遺跡がそのまま残っていて見所となっている。淡路側の紀淡海峡は、大阪湾への大型船の往来が多い。

以下の岩礁程度の小さな島も含めたなら3千余の島があるそうです。干満の差は1〜4メートルにも及び、潮流は速く、狭い海峡部は川のように流れて渦巻きが発生する箇所もあります。この潮の動きで河川から運ばれてきた植物性プランクトンが撹拌され広がっていきます。これを食べる魚が寄り、瀬戸内海は豊かな漁場でもあります。また、昔から北前船や行商の船が行きかう海でもあり、潮待ち、風待ちの港が栄え、その面影をとどめる町並みが残っています。現在も京阪神、瀬戸内の工業地帯を結ぶ海運が盛んで、外国船も含め、多種多様な船舶が往来しています。

小さな浜で憩う

　ウィキペディア風にまとめると、そんなところですが、かつてビール瓶のような色をしていた沿岸の海水も1973年に「瀬戸内環境保全特別措置法」が制定されてから半世紀、ずいぶんときれいになってきました。今では赤潮を見ることも少なく、反対に栄養不足でプランクトンが湧かず、イカナゴなどの不漁も伝えられるほどです。

　私は、図1に描いたように瀬戸内海東部の兵庫県から岡山県にかけて多く出かけています。ここはシーカヤックで楽しむにはもってこいの海。白砂青松と形容される瀬戸内海はまさにアイランドシー、美しい島々を訪ねながらの海旅が楽しめます。

　「日本にも、なかなか広い川があるじゃないか」と中国人が言ったそうで、揚子江の河口幅が40キロと聞くと、さもありなんとも思います。でも、川の流れは一定ですが、この海を漕ぐときはほぼ6時間ごとに変わる潮流を知らなければなりません。また、船舶の安全を確保するため、海上交通安全法の適用を受ける航路が設けられ、随所にある漁場や養殖場では多くの漁船が操業しています。こうした船舶に注意を払い、衝突回避はもちろん、いらぬ摩擦を引き起こさないよう留意することが必要です。

　瀬戸内海には大きなうねりは入ってきにくく、ここの波は短いピッチで毛羽立つ風浪であることが多いです。この波高は正味のもので、波長が短いですからカヤックは揉まれます。瀬戸内海で波高1・5メートルと聞いたら、強い風が吹き、白波が立つ様子が目に浮かんできます。こんな日には、私は漕ぎに出ないでしょう。潮、波高、航路の3つは瀬戸内海を旅するときの留意点だと心得ておいてください。

航路標識の付近は大型船が通る

段階を踏んで

海旅を始める第一歩として勧めたいフィールドは坂越湾・室津湾（図2）です。坂越湾は波静かで潮の流れもゆるく、船舶の往来も少ないので安心して練習できます。湾内を巡って一通り漕げるようになったら、相生《あいおい》湾口から室津沖の島々へと距離を伸ばしていきましょう。次に日生《ひなせ》諸島（図3）の島々を回ることで漕力をつけ、色々な海の表情に触れながら天候や潮を読む目を養いましょう。次の段階からは好天の日をとらえて家島あたりへ遠出します。1日20〜30キロ程度の漕航にストレスを覚えず、多少の波にも不安を感じなくなっているなら、もう海旅の基礎はできていると言っていいでしょう。これにキャンプを加えて、数日にわたる旅ができるようさらに経験を重ねていきます。老婆心ながらつけ加えると、自信が生まれてくるこのあたりが一番楽しくも危うい時期になります。

紹介したエリアは一例で、ここでなければならないということではなく、私にとってたまたまあった身近な場所に過ぎません。どうか自分の住まいする近くでより良いフィールドを見つけてく

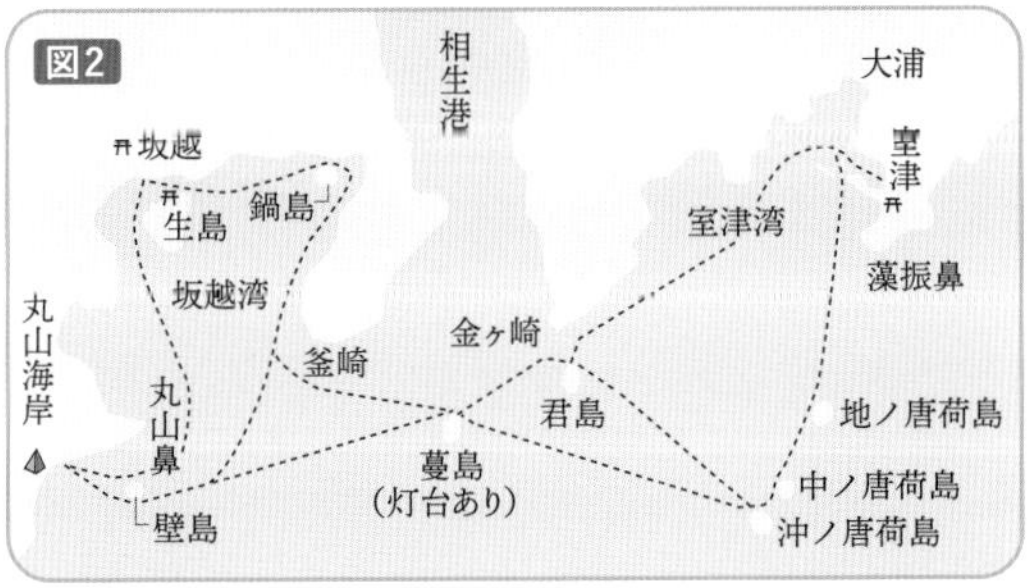

坂越湾 坂越湾の出艇場所は丸山海岸（県民サンビーチ）がよい。ここはキャンプ場になっていて、広い駐車場（有料）にトイレがある。海岸までやや遠いのが難。坂越湾内は南風でなければ、おおむねおだやかである。湾奥の生島は秦河勝の墓所と伝えられ、大避神社のご神域として上陸が禁じられている。北側の人工浜に上げて、古い家並み、浦会所、奥藤酒店、大避神社など見てまわるとよいだろう。また、坂越漁港にある海の駅「しおさい市場」では冬場にカキの食べ放題をやっている。また、漕ぎ終えたあとに「赤穂ハイツ」や「かんぽの宿赤穂」で風呂に入って帰ることもできる。

室津湾 室津は古くから風待ち、潮待ち良港として知られ、江戸時代には参勤交代や北前船の寄港で栄えた。時代とともににその役割を終えたが、漁港となった今も往時を偲ばせる町並みが残る。その中の細い道を港の南西端まで行くと加茂神社の入口で駐車場とトイレがある。その先は船揚げ場で、そこからじゃまにならないよう出艇させてもらっている。以前は大浦海水浴場から出ていたが、会社の所有地となって利用できなくなった。

沖合に地、中、沖と3つの唐荷島が浮かび、その西には君島、蔓島の2島がある。これらの島々を結んでいっても10キロほど。瀬戸内海の島めぐりに慣れていくにはほどよい距離であり、いずれの島にも上陸できる浜がある。

夕凪の室津湾

日生諸島　日生諸島は岡山県東端にあり、島々に囲まれた内海はおだやかで、初心者が海旅を始めるのに適している。出艇場所は兵庫県赤穂市の入電港。その東端に小さな浜があり、空地に駐車できる。また、岡山県邑久町の布浜港脇には船揚げ場と駐車できる空地があるが、私有地のようなので断りをいれておくのがよいだろう。日生港付近には、出艇に適当な場所はあまり見当たらない。

鹿久居島と頭島は橋でつながれ、車で行くことができる。曽島と鶴島は無人島。鶴島に長崎から捕らえられてきた切支丹の墓地があるが、個人所有の島のようだ。一番大きい鹿久居島はほとんどが国有地で、西側には民宿やキャンプ施設がある。頭島と大多府島は民家が多く、鴻島はバブル期に建てられた別荘が目立つ。長島にはハンセン病の療養所や歴史館がある。虫明湾にはカキ筏が並ぶので、作業のじゃまをしないこと。入口に片上大橋がかかる片上湾は、風の影響をうけることはほとんどない。フェリーや連絡船は便数が少ないので、さほど気にはならないが、進路をふさがないのは当然のこと。頭島、大多府島には海水浴場がある。大多府島の亥の子浜キャンプ場は荒廃して使えないのが残念である。

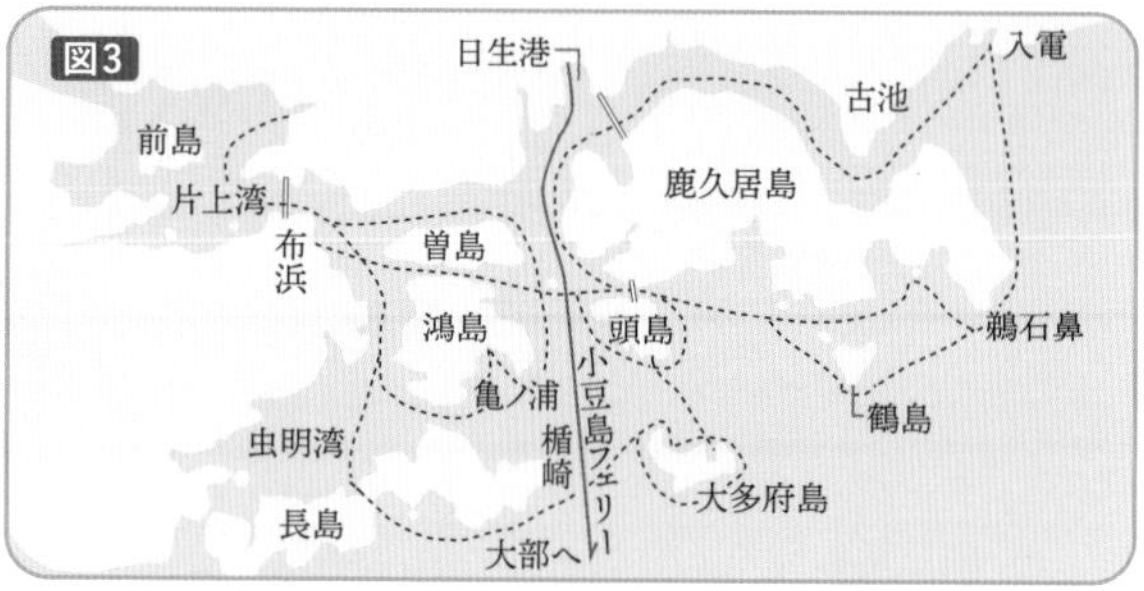

鹿久居島の南岸を行く

ださい。大切なのは、力に見合う場所を選ぶという考え方で、登山と同じようにステップ・バイ・ステップで進むことは、海旅でも忘れてはならないセオリーです。

旅する前に考えること

瀬戸内海をカヤックで旅する前に考慮すべきことをあげておきます。私流のやり方でほぼ完成形かと自負する反面、この辺が私の限界でもあるかと思っています。いくらかでも参考になることがあれば幸いです。

テーマや目的のない旅はあまり面白くないので、私はいつも何かのテーマをもって出かけることにしています。このときの海旅のテーマは3つでした。第一は大槌《おおづち》島のてっぺん(171メートルの円錐形の島の頂上に山名はなく、島のてっぺんとしか言いようがない)に登る。2つ目は桃太郎伝説の鬼ヶ島を訪ねる。3つ目は島でキャンプする。

テーマが決まれば、カヤックを出す場所を探します。出発点を渋川海岸にしました。小学生の頃、臨海学校でここにきて泳いだり、みんなでカッターを漕いだりした思い出の地です。でも、カッターで大槌島を目指したものの、船酔いをして嘔吐していたことしか憶えていません。今回は半世紀過ぎてのリベンジとなります。コースは大槌島、女木《めぎ》島、男木《おぎ》島と回って出発地の渋川へという1泊2日、約40キロの航程。往路の20数キロというのは5時間ほど、余裕の漕航になり、さらに2~3時間の観光ができる計算です。ここで次の潮流を調べます。

東西に漕ぐときは潮流の助けを借りるようにします。

南北に漕ぐときに備讃瀬戸東航路を2回横切ることになり、この航路横断が問題となります。まず予定コースを地形図に落とします。それから潮汐表を見て干潮と満潮の時刻を見ます。これでおおまかなことは分かるものの干潮時、満潮時にそのまま転流するとは限らないので、さらにネットで海上保安庁の「潮流推算（瀬戸内海）」を開き、転流の時間帯、潮の流れる方向と速さを調べます。

海上の孤峰、大槌島

「その日は、大潮だから干満差は大きく、潮流は2ノット近くになりそう。夜明けの4時頃から10時頃までは上げで西に、1時間ほどの潮止まりを経て下げに転じ、以後16時頃までは東に流れる。そうすると、大槌島を出て女木島目指して東に漕ぐとき11時を過ぎていると潮に乗ることができる。潮止まりの時間帯に航路を直角に横切るとすれば、大槌島を10時頃には出なければならない。てっぺんへの登山は標高１７０メートルだから上り下りで1時間ほど、渋川海岸から大槌島までは約4キロ、西への潮流は横切る形なのでさほど影響ないとして1時間ほどみておく。そうしたら遅くても8時までには漕ぎ出さなくては。渋川の海水浴場には駐車場があり、一晩くらいなら安心して車を置いておくことができる。海岸線までは少し距離があるので、カヤックの運搬と荷物の積み込みに1時間はかかるかな。」

このように、潮汐の時間を中心に据えて出発の時間を調整します。もし、その調整がうまくいかないようなら出発時間をずらしたり、出発場所を変えるなど再検討することになります。

「備讃瀬戸東航路は、宇高西航路（２０１９年に宇高間のフェリーは休止された）と交差する西1キロは横断禁止だから大槌島からは小槌島を目指してほぼ真南に進む。後は下げ潮を利して、鬼ヶ島伝説の女木島へ。そこを見物したあとに、夕方の憩流時に加茂ケ瀬戸を横切れば男木島へは難もなかろう。泊り場所は男木島北端の灯台脇にキャンプ場があることを調べておいたので、まずは安心だが、必要な装備と水、食糧は準備しておかなくては。

　翌日は夜明けとともに漕ぎ出して、航路を横切り、上げ潮に乗って直島南岸を一気に漕ぎ抜いて帰る。もし、途中で直島などに寄って道草をするにしても、下げ潮に転じる午前10時頃までには渋川海岸に帰着するようにすること」

　基本の計画をこう決めたら、地形図に調べた情報をすべて書き込んでおきます。私の場合、いざ、漕ぎ出すと、いろいろと考えるのが面倒くさくなってしまいます。確かめるのは現在地と時間だけにしておいて、地形図を見れば、いま自分がどの状況にいるのか一目で分かるようにしておくのです。

　ここまで準備して出かけた海旅の記録は図4のとおりです。時間と航跡を記しておきましたが、これから何をどう読みとるかはお任せします。旅は個人のものですから、同じようにやってみて、あなたが何を感じ、何を思うかは私のあずかり知らぬことです。ただ、このコースは航路横断があるので初心者や多人数のパーティには勧められません。

　瀬戸内海を旅するひとつのやり方として提示しましたが、潮の向くまま、風の吹くままというのもいいでしょう。向い潮ともろに格闘する、渦に回されて喜ぶというMチックな人もいるかもしれません。他にいっぱいやり方はあると思います。私もいろいろと試行錯誤を繰り返しながらやってきました。まだまだ行ってみたいところがいっぱいあります。こうした見聞欲と好奇心のつきないのが、私の旅の原動力にほかなりません。

図4 備讃瀬戸（大槌島）の海旅

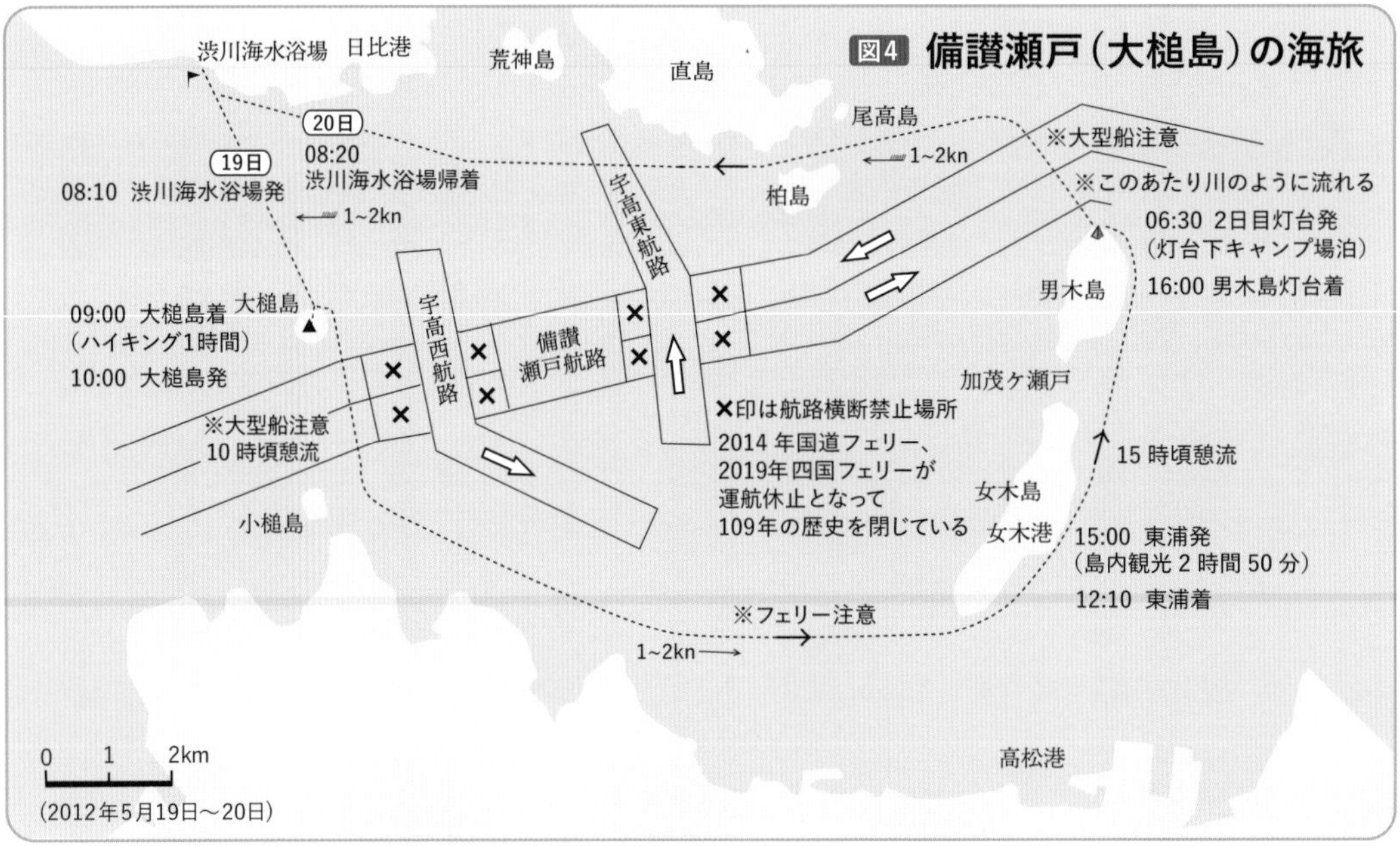

日本海

　もうひとつのふるさとの海は日本海です。日本海は外洋でうねりが入ってくる点が、瀬戸内海と大きく違います。波の性格も異なり、瀬戸内海の例と同じ波高1・5メートルでも、単なるうねりの高低差なら十分に漕ぐことができます。大きな波の起伏に身を委ねる感じです。ただ、岩磯では波が砕け、砂浜では磯波が巻くので、離着岸の場所は限られてきます。また、これに風が加わると、うねりの頭が巻いて砕けだすので危険な波となります。日本海を漕ぐときは、たとえ沿岸を行くにしろ、外洋を漕ぐのと同様に波高、うねり、風の三者を総合的に考えなければなりません。

　対馬海流ははるか沖合の流れで、沿岸を漕ぐのにほぼ影響はありません。潮流についても日本海の潮の干満差は大きくないので、島間や岬の狭隘部などを除いてほとんど計算に入れなくていいでしょう。逆潮でも多少パドルが重く感じる程度です。また、瀬戸内海のように頻繁に船の行きかう航路は少なく、漁船や観光船に注意する程度ですみます。

　鳥取県から兵庫県を挟んで京都府まで、東西120キロに及ぶ山陰海岸は2010年に世界ジオパークに認定されました。地質学的な知識は乏しくても、柱状節理と海食で形成された荒々しい海岸の風景はとてもエキサイティングで、私たちを魅了してやみません。西の鳥取砂丘から東の経ヶ岬・若狭湾まで幾度か旅しました。海さえおだやかならば海食洞窟の奥深くまでカヤックで入っていけますし、水底まで見通せる澄んだ海を泳ぐこともできます。私は山陰海岸を漕ぐときは泊にすることが多く、点在する浜でキャンプを重ねながら、野性味あふれる海の旅を楽しんできました。

　大雑把にその海岸線（図5：次ページ）を紹介しておきます。出かけるときは、地

海がおだやかなら洞門に入ってみよう

但馬御火浦の十字洞門

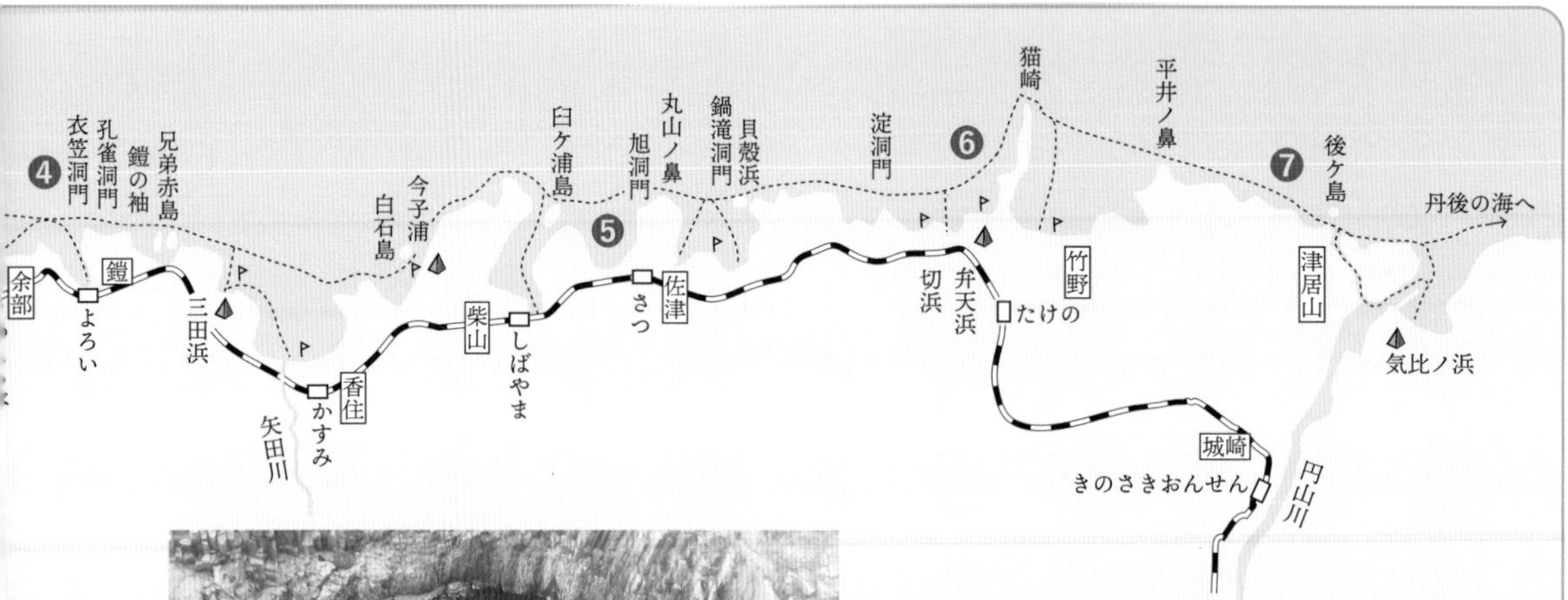

孔雀が羽を広げたような孔雀洞門

図5 山陰海岸

鳥取県の網代から兵庫県の城崎までの山陰海岸は、日本海の荒波に刻まれた荒々しい景観ときれいな水が魅力である。起点を決めて1～2日のキャンプもよく、およそ60キロの航程を通しで行く2～3日の海旅も楽しい。さらに東へと丹後半島から若狭湾へ美しい海岸線がつづいている。海のおだやかな7、8月をお勧めする。

姉妹による遊覧船が人気だったが、2016年に営業を止めてしまったのは淋しい。鎧の袖、インディアン岩など、もうカヤックでしか訪ねることができないのだろうか。

香住漁港は西と東に分かれる大きな漁港。鎧漁港は、それとは対照的な昔ながらの静かなたたずまい。三田浜の海水浴場は入り江の奥にあり、キャンプをする人もいるようだ。また兄弟赤島の前にも広い砂浜がある。香住浜は北風の時は磯波が立つ。今子浦は海水浴場とキャンプ場に宿泊施設がある。

松葉蟹は冬の味覚だが、香住近辺の宿、民宿は四季を通じて旨い魚を食べさせてくれる。

❺ 柴山・佐津湾

柴山港の深い入り江はおだやかで、初心者のカヤックに向いている。湾口東の臼ケ浦島には海水浴場があり、シーズン中には柴山からの渡船が出ていたが、2018年の夏に営業を停止している。

柴山の砂浜から出艇し、臼ケ浦島を経て佐津海岸へのコースは、山陰海岸のツアーとしてはリスクが少ないと思う。

❻ 竹野浜近辺

竹野周辺には海水浴場が多く、艇の出しやすい場所である。淀の洞門、はさかり岩などの名所、キャンプ場もあって、柴山や佐津とつないで行くのもよい。ただ、北に突き出た猫崎先端は難所となる。荒れた日に、半島のつけ根をポーテージして越えたこともある。

❼ 円山川《まるやまがわ》河口

竹野から東には宇日と田久日の小さな漁港がある。城崎マリンワールドで有名な日和山海岸までは地味ながら静かな海岸線がつづいている。スノーケリングなどしながら行くにはよい一帯かもしれない。

竜宮城のような後ケ島はよい目印で、その手前を南に折れたなら津居山の水路を抜けて円山川へ。後ケ島を通り過ぎて東へ向かえば円山河口へ入る。津居山湾の長い突堤の東側は気比の浜へ、西側は円山川をさかのぼることになる。右岸の円山公苑は管理地だから上げにくいし、城崎温泉の左岸側にも適当な場所は見つけにくい。気比の海水浴場での発着が無難かと思う。

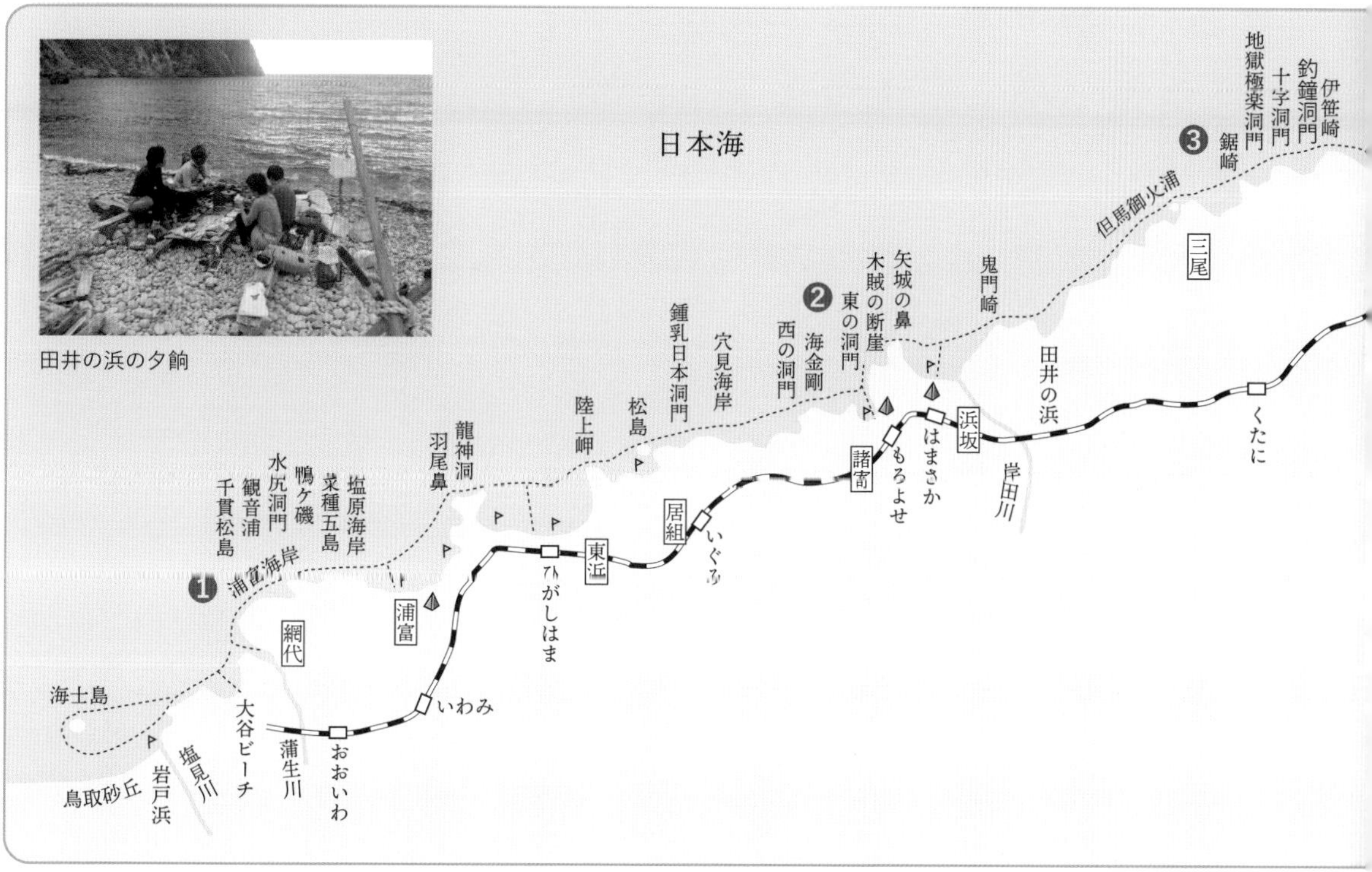

田井の浜の夕餉

❶ 浦富海岸

浦富海岸は山陰の松島とも呼ばれ、入り組んだ入り江に断崖、洞穴、岩島をちりばめた見所の多い海岸。観光地となっており、蒲生川左岸から遊覧船が出ている。時間帯は9時から15時頃なので、留意しておきたい。

鳥取砂丘の沖に浮かぶ海士島は岩の島、1日のコースに加えてみるのも面白い。東は浦富や東浜あたりまで足を延ばしてもゆっくりとした航程である。

出艇場所は網代港の浜公園前の他、大谷ビーチ、さらに鳥取砂丘寄りの岩戸海水浴場などが考えられる。いずれにも駐車場とトイレがある。

❷ 諸寄《もろよせ》海岸

県境の陸上岬を回った東に小さな居組の漁港がある。その脇が海水浴場で、カヤックの発着に適している。

諸寄湾内はうねりが入ってきにくく、奥には海水浴場の浜砂がある。またその東隣の塩谷海水浴場はキャンプ場が併設されている。また、湾外のクズレ浜は何の設備もない自然の浜、その先の矢城ケ鼻までに東の洞門や木賊の断崖の荒々しい景観が広がっている。そこを東に回り込めば浜坂海水浴場で、奥の松林はキャンプ場である。少し距離はあるが、「ユートピア浜坂」「浜坂温泉保養荘」の日帰り温泉で汗を流すこともできる。

❸ 但馬御火浦《たじまみほのうら》

浜坂から余部までの但馬御火浦の海岸線は荒々しい岩磯と断崖で構成され、岸辺に沿う道はない。鋸崎、伊笹崎は風やうねりのあるときは、波立つ難所となるので注意。エスケープできるのは田井ノ浜（海水浴場とキャンプ場があったが閉鎖されている）と三尾漁港くらいで、時化るときには出てはならない。海がおだやかなら、数々の洞門や奇岩、奇勝を間近に見ながら漕ぐという、シーカヤックならではの醍醐味を味わえる。

余部埼灯台の南東に位置する御崎の村は海からしか見えず、平家の落人の村と伝えられている。余部には、ほんの小さな船溜まりがあって、カヤックの発着ができる。

❹ 香住海岸

御火浦から香住を経て今子浦までは山陰海岸のハイライト部分である。三

形図や海図などで詳細を把握して出かけてください。手つかずの自然海岸の美しさ、透き通った海水の清らかさは、何度来ても魅力的です。海岸を形成する玄武岩は数百万年前の地球の息吹そのものであり、厳しい冬の風浪が造った数々の岩島と洞窟の造形は、自然の力と長い年月を感じさせてくれます。そして、荒々しい海岸のその奥まった入江に忘れられたようにたたずむ小さな漁港、海からしか見えない場所で密やかに住まいしてきた平家落人の村。人の営みのなんとつつましいことでしょう。だれも来ない無人の浜にカヤックを上げ、焚火をともす頼りなさ。これが山陰海岸の旅の味わいになります。

ここを漕ぐときに留意することは風とうねりで、艇を出すか出さないかの判断はより重要になります。要点を挙げるなら、北から西の風が強い日は時化る。岬の突端は荒れる。うねりが高ければ岸辺が危ない。この3点になるかと思います。いったん漕ぎ出して荒れる海で波に揉まれだすと、「引き返す勇気」などという言葉に意味はなく、行くも帰るも同じリスク。兎にも角にも目の前の難局を切り抜け、一番近い入江に逃げ込むだけです。より大切なのは、出艇前の海況判断、このときのあきらめのよさになります。

私は、海岸線を行くロングツアーが好きですが、初心の内はおだやかな湾内を回るのがいいでしょう。北風以外なら周囲の山々に守られて比較的安全に漕げるエリアもあります。入江から沖合の水平線を見て、白波が見えたり、鋸の歯のようなギザギザの起伏が見えたなら、沖はきっと荒れています。そこには平穏な湾内とはまったく違う海の表情があることを読みとって、早めに引き返すのが賢明です。間に合う判断をすれば、私たちのちっぽけな勇気が試されることもないでしょう。

あなたのふるさとの海は

私は中国山地の盆地で育ちましたから、ふるさとの山はあっても、ふるさとと呼べる海はありませんでした。それでもシーカヤックで海を漕ぐようになってから、ここに挙げた2つの海がふるさとの海となりました。瀬戸内海がやさしい母親なら、日本海は厳しい父親のように感じます。

俗に日本列島3千キロと言われ、38万平方キロの国土全体が海に囲まれて、小さな島国ながら、国土の12倍近い排他的経済水域をもつ我が国です。オホーツク海、日本海、太平洋、東シナ海、瀬戸内海、有明海、その3万5千キロにも及ぶ海岸線を形成する湾や入江、岬に無数の島々。海に不足がありましょうか。たとえ海に面していなくても、日本ならだれでもふるさとの海をもつことができると思います。自分のフィールドを見つけ、そこで十分に鍛練して、さらに多くの海へと旅していこうではありませんか。

頭島のカフェテラスで

Essay❾
私の海旅

海と女房と二人艇

女房とカヤックで海へ出かけるようになったのは15年ほど前からである。フジタカヌーの二人艇PE2を購入して乗り始めたのがきっかけで、それまでの私は、やりもしないでタンデムで行くことをきらっていた。なにか不自由な感じがしていたからだが、それはただの思いこみにすぎなかった。前後の乗り手の気さえ合えば、どうにでも取りまわしができるし、楽である。

ただ、女房とは、この「気の合う」という点で問題があった。前と後ろでしばしば口論になる。でも二人艇の場合は、後部に座るものが船長となり、ラダーも支配するので圧倒的に有利である。いつもは押されぎみの私だが、女房の背中に向けて半分の声量で太刀打ちできる。口で負けそうになってもパドルの先でポカリとたたけるので、かの強敵も沈黙するほかない。愉快だが、上陸までにほとぼりをさましておかないと猛反撃をうけることになる。

二人で漕ぐと2倍の速度になるかというと、そんなことはない。漕ぐ力も2分の1ですむかというとそんな実感もない。では、何がいいかというと、慣性を維持できる、つまり一人が手を休めていても一人が漕いでいれば舟は進むということである。そんなわけで女房は航程の半分程度しか漕がない。それどころかウトウトと居眠りを始め、舟の上で舟を漕ぐありさま。あげくのはてに手にしたパドルを流したりする。叱ると、目を覚まして「あら、まだこんな所なの、しっかり漕いでよ」などとのたまう始末。私は、知らず知らずのうちに忍耐力を身につけていく。おかげで初心者を案内して日本海や瀬戸内の海を漕ぐときも、腹の立つようなことはまずない。すべての不平・不満、悪口はすべて女房がシミュレートしてくれており、彼女以上の強者にもなかなか出会わない。この点、ちょっと斜めにかまえて礼を言っておこう。

それにしても、二人艇を手に入れてからは女房とずいぶんいろんな所へ行ったものである。ホームグラウンドの瀬戸内海の各島をはじめとして、ジオパークとなった山陰海岸、島根半島では大社町の稲佐浜から美保関を回りこんで境港、大根島まで。次が青海島から萩へ。知床半島周回。対馬半周。隠岐島を島前から島後へと渡って一周。能登半島は千里浜から穴水までを3回に分けて漕ぎめぐった。けっこうきつい海旅によくつきあってくれたものだと、これには女房に正面向いて感謝する。

一日の航程を終えたあと、おだやかな入江へと入る。夕陽に照らされた鏡のような水面を切り裂いて進むと、カヤックの上に至福ともいえる時が流れる。二人は黙ったままパドルの手をやすめ、私は悠久を思い、女房は夕飯を思うのである。

こんな海旅をいつまでつづけられるか知らないが、海とカヤックは、今も私たちに豊かな時を与えてくれている。

§2 女房と漕いだ3千キロ

仕事を辞めて、いつの頃からか山や海の旅の傍らに女房がいました。多くの山友だちは、すでに現役を去り、家族と年金と病気の話題の中に埋没していきました。若い頃、仕事や結婚や子どもを理由に山から離れていった友人を「あいつは死んだ」などと揶揄していた手前、私はなかなか山や海から離れられずにいるのですが、体力の衰えは否めません。次第に行く場所も、方法も限られてきて、いつの間にかだれにでもできるようなことしかできなくなっていました。

そう感じ始めた頃、女房が側に立っていたのです。初めのうちは、足手まといでうっとうしかったのですが、危なくない山や海へはいっしょに行くようになりました。何の気兼ねもいらないので、お互い好き放題にののしりあいながらの旅が始まり、ここ10数年来、山、海ともに旅の良きパートナーとなってくれました。そんな女房と海を旅するうちにいつの間にか3千キロを漕いでいました。3千キロは日本列島縦断の距離、ひとつの達成点とも言えます。でも、そのことよりも今もなお海旅をつづけられる幸い、これを祝いたいと思うのです。二人で行った海旅を時系列で表にしてみました。千キロ、2千キロの通過点はあったのでしょうが、意識することもなく過ぎ、それぞれの旅の思い出の中に埋もれてきました。あえて旅に価値づけをするなら、私にとって忘れられない旅ということになるのでしょうか。3千キロの中のそんな海旅10を記しておきたいと思います。

島根半島（一周）

島根半島は島根県の北東端、宍道《しんじ》湖と中海を内懐に抱えながら半島とも思えない形状で東西60数キロにわたって横たわっています。西の端は日御碕、東の端は地蔵崎になり、それを結ぶ海岸線は日本海の荒波に削られて、「加賀の潜戸《くけど》」をはじめ多くの見どころがあります。

この島根半島をつぶさに見て回るのが、女房と行く初めてのロングツアーとなりました。国譲り神話の舞台である稲佐の浜から漕ぎ出し、半島西端の日御碕へ。ここでは上陸して灯台へ登り、そこからの眺めを楽しみました。日御碕からは東進し高袋《たかたい》の奥深い入江に入り込んで休息。ここは舟でしか来られない別天地です。さらに十六島《うっぷるい》湾を横断して小伊津漁港で食糧買い足し。声をかけてくれた人の親切に甘えて水浴し、その日は、その少し先の小さな浜でキャンプしました。沖には夜中まで漁火が煌煌と灯り、幻の海上都市が現れていました。

翌日、海が荒れたら恵曇《えとも》湾の奥にある佐陀川（宍道

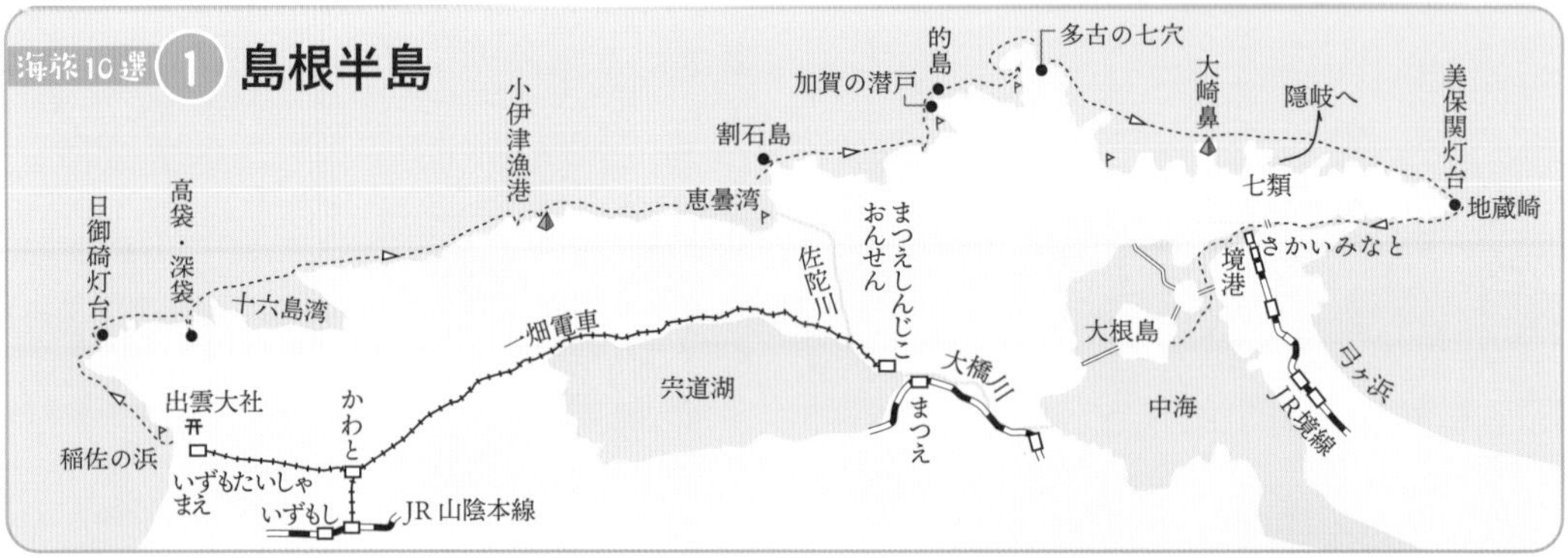

(下)多古の鼻に上げる

(右)洞門を入った奥に浜がある天窓洞穴

湖に通じている)にエスケープしようと考えていました。でも、海はおだやかだったのでこの案は却下。加賀の潜戸、的島、多古の七つ穴、など奇観を呈する海岸線を行きます。多古の七つ穴はカヤックでなければ入り込めず、しかも奥でつながっているものもあって見ごたえがあります。この日は七類《しちるい》港手前の大崎鼻の岩礁に上げて泊りました。

　最終日は島根半島東端の地蔵崎を回り込み、境水道から中海へと入ります。境水道は中海からの流れ出す川にほかならず、しかも引き潮と重なったのでまったくの逆行となってしまいました。どこかで上陸したかったのですが都市部の海岸線はコンクリート護岸で固められ上げる場所がありません。一カ所だけ右岸に水路のような切れ込みがあって、そこに何とかカヤックを着けることができました。久々に陸に上がって水浸しの服のまま「水木しげるロード」を観光。その後も逆流の水路を漕ぎ、中海に入るとパドルは軽くなったもののもうヘトヘトになっていました。本当は宍道湖まで行って一畑電車で出雲大社に帰る計画だったのですが、友人が車で迎えに来てくれることになり、それに甘えて大根島をゴールとしました。けっこうきつい航程でしたが、女房が「もうイヤ」と叫ばなかったおかげで、その後も海旅がつづくことになりました。

（2022年に宍道湖から佐陀川を抜けて恵曇へ出、北浦まで漕ぎました。多古の七つ穴は、洞窟の中にあった石柱が崩れ落ち変貌していました。歳月と荒波のなせる業でしょう。）

陽を浴びる象岩

知床半島（一周）

知床はその自然の厳しさから人間の干渉をまぬがれてきた日本では数少ない地です。その半島をシーカヤックで回るというエキサイティングな海旅をしました。

1回目は2006年8月、車にカヤックを積んで新日本海フェリーで苫小牧へ渡り、ウトロから相泊《あいどまり》を目指すコース。メンバーはファイントラックの金山さんたちとその友人、それに私たち夫婦で計6人でした。オホーツク海側は険しく荒々しい海と海岸。海岸線にそそり立つクンネポールや五湖《ごこ》の断崖、海へと一気に落ち込むカムイワッカやカシュニの滝に圧倒されます。知床岬の番屋跡は柱だけが立ち残り、野に果てた獣の骨のように風にさらされていく、この地の営みの厳しさを偲ばせてくれます。太平洋側では、泡立つ波に翻弄されながら向かい風にさからって漕ぎました。それでも、お花畑を見にペキンの鼻へ登ったり、鮭を釣り上げチャンチャン焼きを作ったりする余裕は、力のあるメンバーのおかげでした。

2回目は2013年7月、初心者を交えて6人。3艇のタンデム艇で相泊から逆コースをとりましたが、前回とはうって変わったベタ凪。「これは琵琶湖より静かだ」などと言いながら、海岸線をなめるように漕ぎ巡り、前回は見られなかった入江や奇岩を探りました。滝の水をパドルですくえるほど岸辺に寄って進む内に、通り抜

知床、カシュニの滝

海旅10選 2 知床半島

知床岬の灯台を見て進む

けのできる洞窟に出合えたのも、おだやかな知床の恵みのように思えます。

いずれも2泊3日の航程で、海岸にキャンプしながらの旅となります。ヒグマやキタキツネ、エゾシカはあちこちにいます。食糧は臭いの出ないように梱包して食事の場所と同様に寝る所と離すのは常識。何であれゴミなど決して残してはなりません。これは人と獣が互いに安全でいられるために守らなければならないルールです。

知床の山の中に何があるのか知りたくて、カヤックとは別に雪の残る春にテレマークスキーを駆使して半島の主脈を岬まで行きました。いずれにしても知床の手つかずの自然の魅力と迫力は、カヤックや徒歩という頼りない手段で旅してこそ、より強く感じられるのではないでしょうか。この地に一歩踏み入ると、わが身が小さく思えて、自然を守るなどという尊大な気にはとうていなれません。自分の痕跡を最低限に留めながら密やかに旅する、それだけで十分満ち足りたのでした。

（一昨年の遊覧船の遭難事故に哀悼の意を表し、犠牲者の方々のご冥福をお祈りします。）

五湖の断崖、男の涙

隠岐島（一周）

隠岐島は島根半島の北岸にある七類港からフェリーで2時間。この群島は大きく島前《どうぜん》、島後《どうご》の2つのエリアに分けられ、その中に大小180からの島があります。島後はひとつの丸い大きな島ですが、島前はさらに知《ち》夫《ぶ》里《り》島、西ノ島、中ノ島の島々に分かれ、この3島に囲まれるのは海没したカルデラにほかなりません。火山活動で造られた島の外側は長い間の風浪で浸食され、切り立つ岩壁となって多くの奇観を呈しています。

　2008年8月に島前、島後の主だった島を5泊6日、キャンプしながらファルトで回りました。舟をファルトにしたのはフェリー代節約という貧しい理由から。知夫里島から漕ぎだし、赤壁の断崖を見上げて漕いだ後、赤灘の瀬戸を渡れば西ノ島。三度《みたべ》の鄙びた漁港で一息つき国賀海岸へと向かいました。岩壁の汀にうがたれた海食洞窟、矢走《やはせ》26穴がまるで牢獄の独房のように立ち並ぶ様は異様です。鯛の鼻に近づくと右手に明暗《あけくれ》の岩屋を探しました。岬の根元を貫通するこの250メートルの洞窟は途中で曲がり、パドルがつかえるほど狭く真っ暗なのでヘッドランプな

明暗の岩屋へ

国賀海岸、通天門

摩天崖の岩壁を仰ぎ見て漕ぐ

しには通過できません。通り抜けた先に大神立岩の尖塔。先端に夕陽が落ちかかれば、これもローソク岩となります。

　国賀浦からは、摩天崖へのトレッキング。海抜0メートルから崖の頭の標高257メートルは正味の登りとなります。この一帯は牛や馬が放たれる牧場で、のどかな風景。足下の荒々しい海岸線とのギャップが面白く、車道も通じていますが、漕いで歩いて来るがゆえの価値というものもあります。浜に戻ってから行く国賀海岸のハイライト部分はカヤックの独壇場。天上界、通天門、乙姫御殿と浅く入り組んだ岩間を抜けて摩天崖の大絶壁を仰ぎ見ることになります。この後の東国賀の海食崖も見劣りなく、中井口の三郎岩の奇勝も捨てがたいものでした。

　明屋海岸から10キロ余の島後水道を漕ぎ渡れば那久岬に着きます。北へ進み重栖港をつめて隠岐で唯一の温泉へ。そこで汗と潮を落したあと、夕刻を待って漕ぎ出すと、沈む太陽を灯してローソク岩が待っていてくれました。島後の北端、白島海岸の白い岩は緑と空の青に映えてどこまでも明るく、島前の険しい海岸とは対照的。浄土ヶ浦から東岸を巡った後、私たちの旅の終わりは西郷港の入口にある塩浜となりました。屋那の松原まで行く計画でしたが、強い向かい風にはばまれてあきらめました。

　国賀海岸は2013年8月に三度から耳《み》耳《み》浦《うら》までファルト2人艇2艇4人で再訪しましたが、さらにもう一度と誘われれば断れそうもない、魅力いっぱいの隠岐島です。

Essay⑩
私の海旅

廃屋の灯り

隠岐の知夫里島から漕ぎ出した私たち夫婦は、夕刻遅くに西島のとある海岸に着いた。これ以上漕ぐ気力はもう残っていなかった。キャンプ場ではなかったが、緊急避難と勝手に決め込んで、浜の汀にカヤックを上げテントを張った。用心に泊まる場所の周辺を調べておくのは私の習い性のようになっているので、日暮れまでに近くを見てまわる。上には展望台や休憩舎が、その奥に営業を止めて久しいような荒れかけた観光施設があった。近くに見つけた水道で飲料水を確保し、潮まみれの身体も洗うことができた。ようやく人の心地が戻り、ゆるゆるとした仕草で夕飯をつくって食べ、テントにもぐってシュラフにくるまると、たちまち深い眠りにおちいった。

その寝入りばなだったのだろうか、女房に揺すられて目をさました。

「あんた、灯り、灯りがついている」

何のことかわからない。聞くと、トイレに行こうと外に出ると、野外ステージの奥の建物に灯りがついていると言うのである。観光土産を売る店かレストランか知らないが、明るいうちに見たその施設は完全に廃屋状態で、人の住んでいる気配など全くなかった。誰もいないはずの建物に灯りがともっていると言うのである。私が、眠気から半分覚めていないふりをして「ええやんか、ほっとけ」と言ったのは、おっくうというより正直怖かったからである。そのとき、すでに私の頭の中には雨月物語の浅茅が宿、亡者となった妻が、恋しい夫の帰りを待つあの廃家のイメージが渦巻いていた。そんな私を無慈悲に叩き起こし、「あんた見て来て」と女房は

隠岐の夕暮れ

言う。背を押され、嫌々テントから出てみると、なるほど暗闇の中にオレンジ色の灯りがぽつんとひとつ点っていた。

「こんなん、確かめんと私、寝られへん」

と、口では勇ましく言いながら、女房は私のTシャツの裾を固くつかんでついてくる。暗い草原《くさはら》の向こうの廃屋の窓から明かりが漏れていた。私は建物正面に向かわず、臆病に右手の車道から建物の上に回りこんだ。明かりの漏れる窓に向かい、中の様子を窺い、そして、声を励まして「こんばんは」と声をかける。しばらく聞き耳を立ててから「誰かいませんか」と間抜けな問いかけをしたりしてみた。

返事はなく、建物の屋根に茂った雑草が、ヘッドランプの明かりの中で風に揺れるだけだった。あまりの静けさに背筋を寒くしていると、女房が「あっち」と草むらを指す。正面に向かえと言うのだ。仕方なく少し戻って脛ほどの高さの雑草を分け進む。女房は3歩離れて後ろから。普段こんなけなげなことはしない。ドアの前に立った。覚悟を決めてそれを押すと、コンクリート敷きの殺風景な部屋の中にテーブルとイスが転がり、その左手に電灯がともっていた。トイレの明かりだった。

誰かがスイッチを押したまま消し忘れ、電灯は昼間からずっとついていたのだ。外が明るい内は気がつかなかっただけだろう。私はそう推察を語り、「幽霊の正体見たりやなぁ」とこわばった顔をゆるめてみせた。それを聞くと女房は、事もなげにスイッチを切って「しょうもな。電気代もったいないわ」と言った。

もう、明かりも闇も怖くはなかったが、今夜もう一度この灯りが点ったなら、その時は女房を先に歩かせよう。私は密かにそう心に決めたのだった。

能登半島（一周）

　能登半島を漕いだ頃には長い距離を通していくという発想がなく、3回に分けて漕ぐことになりました。もっとも200キロに及ぶ海旅をするには相応の日数と天候に恵まれることが必要で、仕事を持つ身にはなかなか難しいことです。日本海が一番おだやかなのは夏7〜8月頃になりますが、天気は運。いつも良いとは限りません。

　輪島の袖ケ浜は海水浴場で、キャンプ場、駐車場も完備されていて出艇に便利です。1回目は能登半島の西岸へ向かい、羽咋市の千里浜海岸まで1泊2日の旅となりました。松本清張の「ゼロの焦点」の舞台となったヤセの断崖、義経の舟隠し、巌門など能登金剛と総称される海岸が見どころです。巌門近辺は遊覧船がひっきりなしに出入りするので、じゃまをしないようにして脇の浜に上げ洞窟など見物。そこから羽咋市の千里浜までは立ち寄りたい場所もなく沖合を漕ぎました。一周にこだわらなければ、巌門の前後の増穂ケ浦か福浦あたりで終わってもいいかと思います。

　2回目は珠洲市の見附島（軍艦島）がある子の浜からスタート。ここもキャンプ場でカヤックの発着に適しています。途中、恋路海岸に上げ、恋路を訪ねる年でもありませんがその名のつく駅跡まで行ってみたりしました。九十九湾の口を渡る頃から風が出てきて時化模様。追い風だったのでカイトを上げて進み弁天島まで。翌日

時化る富山湾を行く

も風は収まらず、七尾北湾へと向かううねりと波をこなしながら穴水港脇の小さな船溜まりに漕ぎ着けました。海が穏やかだったなら、能登島を回ってピリオドとしたかったのですが、それは3年後へと持ち越しになってしまいました。

3回目は、前2回の海旅の間をつなぐべく輪島を始点にして東に向かいました。白米千枚田は、海から見てもそれと分かりますが、やはり見下ろしてこそ美しい風景でしょう。曽々木海岸を過ぎ、垂水の滝で上陸。かたわらの滝見亭で、ちょっとぜいたくして海鮮丼を食べました。その先では適当な泊り場所を見つけられず、夕刻まで漕いで人目にふれないような護岸下でテントを張りました。翌日は早朝から漕ぎ出してシャク崎を回り、禄剛崎灯台下の浜で休憩とひと泳ぎ。この先にある有名なランプの宿は海からみてもそれと分かります。いつか泊まれる日もくるだろうきっと、と思いながら通り過ぎ、そのまま能登半島の鼻の部分を回り込んで見附島にゴールしました。

能登半島は、海岸線に沿って道が通じており民家や港もたくさんあります。上陸は容易なので、ただひたすら漕ぐより、その海岸に点在する観光名所に立ち寄りながら行くのが良いかと思います。

珠州の見附島（軍艦島）

＊

（今年の元日、能登を襲った大地震。軍艦島は崩落し、写真の姿はもう見ることができません。能登半島の北岸は隆起したので、以前の海岸線ではないのでしょう。倒壊、焼失した家屋、寸断された道路。次々に映し出される被害の有様をテレビ画面で見ながら、旅の途中で出会った人のことを思いだしていました。輪島の朝市の威勢のよいおばさんたち、滝見亭のおかみさん、カヤックに船を寄せてどっさりとサザエをくれた漁師さん。みなさんご無事でいてください。能登の海に再び大漁旗がなびく日が来ますように。）

八重山諸島（石西礁湖を渡り西表島一周）

知床が北の憧れなら、八重山の海は南の憧れ。2013年11月、西表島を目指して石垣島の真栄里《まえさと》ビーチから漕ぎだしました。石垣島と西表島の間は石西礁湖《せきせいしょうこ》と呼ばれ、日本最大のサンゴ礁域です。サンゴの海底が透けて見え、カヤックごと宙に浮いているような浮遊感を味わいました。竹富島では観光客にまぎれてレンタサイクルで島内見物。その後、小浜島に向かって漕ぎだすと北の方に蜃気楼のような浜が見えました。陽が当たると現れ、陽が陰ると消えるような淡いラインを確かめたくて寄り道しました。そのときは知らなかったのですが浜島（幻の島）とのこと。青い海に浮かぶ白い砂州は干潮時にだけ現れるそうで、偶然そこにたどりついた私たちにとっては夢のような風景と時間でした。小浜島で標高99メートルの最高峰、大岳《うふだき》に登ってから、夕闇の迫る中、ヨナラ水道を横切って西表島へと渡りました。

西表島一周に入った後は、風と雨と波の様子を窺いな

小浜島に昇る朝日

海旅10選 5 八重山諸島

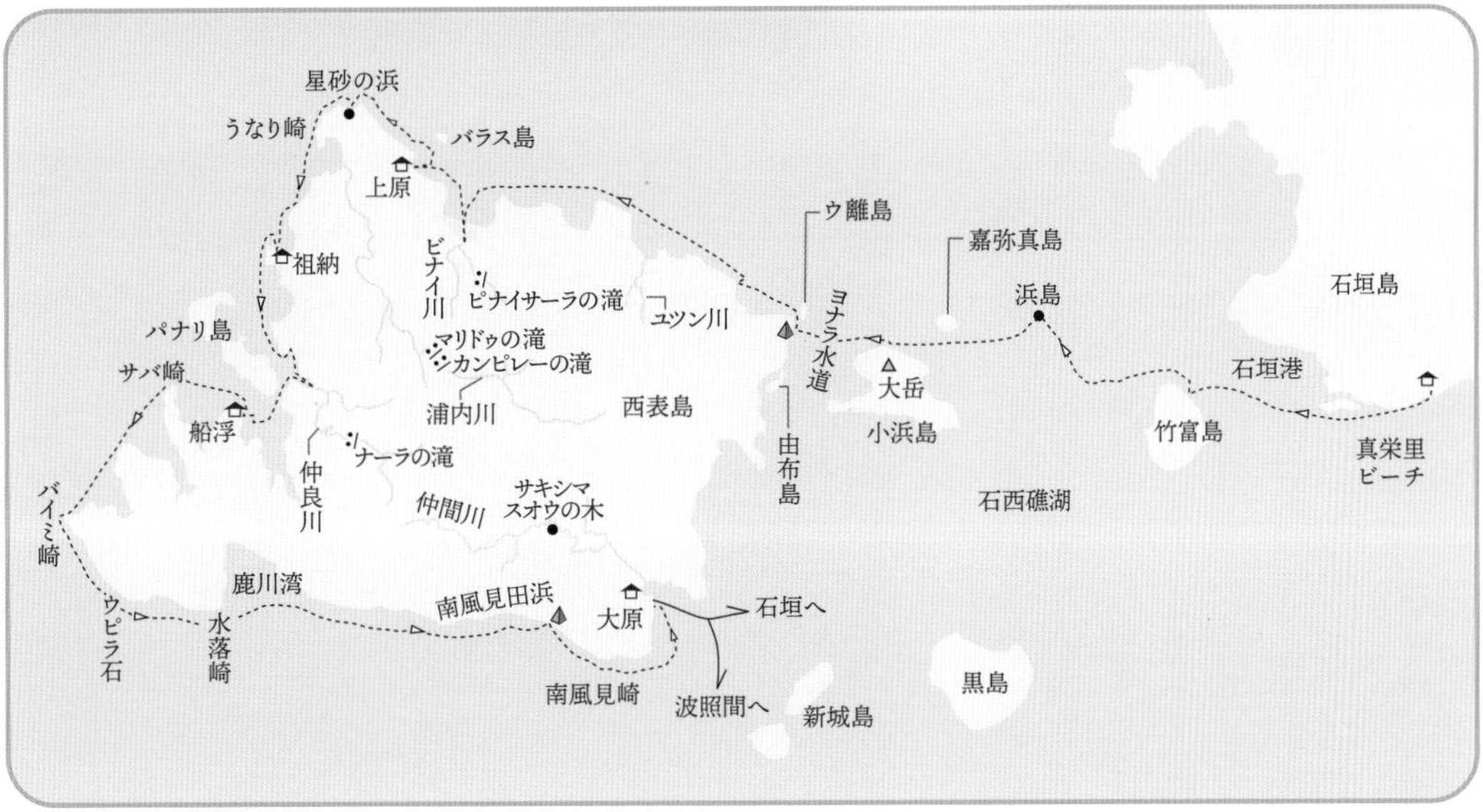

がらの旅となりました。11月はシーカヤック向きの季節ではないようです。海は荒れてもマングローブの茂る河川の中は、風も遮られ、波も立たないので漕ぎ入ることができるのが救い。カヤックで入れる終点まで行き、そこから滝などを見に熱帯雨林の中を歩くのは楽しいものです。全航程の中にユチン川、ピナイ川、仲良《なーら》川、仲間川などが加わりました。

島一周の難関は船浮《ふなうき》から南風見田浜《ばいみだはま》の約30キロでした。島を回る道路は大原から白浜の東側半分に限られ、西側に人の住む村はありません。それどころか不審者が住みついているかもしれないので、浜で怪しい人影や煙など見たら近づかないほうがいいとのアドバイス。おまけにバイミ崎では2009年にシーカヤックの遭難事故があり、一人行方不明のままだとのこと。事実、ここは難所でした。サバ崎を回ってバイミ崎までは順調でしたが、そこから一転、逆潮となりました。とんと舟が進まなくなり、漕いでも漕いでも景色が変わりません。あまりに苦しいので、ウピラ石あたりで手を止めるとたちまち逆戻りし、その距離を取り返すのに30分もかかるという始末。バイミ崎から落水崎までのわずか4キロに5時間かかっていました。どこか浜に上げて休みたかったのですが、リーフの幅が狭い海岸線は白波が砕けて近寄りがたく、結局、この日は鹿川湾口を横切って南風見田浜まで漕ぎ抜きました。翌朝から連絡船の欠航が出るほどの風浪と雨。鹿川の廃村跡でのキャンプは魅力だったのですが、ここまでたどり着いていて結果よしとなりました。

仲良川の流木に上がって休む

仲間川のマングローブ

利尻水道。利尻山に雲がかかる

利尻島・礼文島
（利尻・礼文水道横断）

　利尻島にカヤックで渡り、島の鋭鋒利尻山に登る。あわよくば礼文島にまで足を延ばすというのは、ずいぶん欲張った計画です。これを提案したのは50歳で2度目のマッターホルン北壁を登った宮川廣年さん。彼のような会社の社長がやることではないと思ったのですが、こんなに危うくも魅力的な誘い、乗らなきゃ男(女)がすたるというもの。利尻水道の最短は稚咲内《わっさかない》から20キロほど、十分に渡れる距離ですし、なによりも仲間がいるのは心強いではないですか。

　稚咲内魚港北側の砂浜が出発点。傍らにある砂丘の駅の食堂に駐車の断りを入れておきます。1週間も他県ナンバーの車が放置されていたら事件になりかねません。どんよりとした曇り空の下、利尻島がはるか向こうに見えていました。海峡横断はエスケープができないので、いつも不安がつきまといます。実際、水道半ばあたりは2メートルほどのうねりと7〜8m／sの風。互いの姿を見失わない距離で進みました。島に近づくにつれ海が凪いできたのは幸運。5時間ほどで仙法志崎東の名も知らない漁港に着き、さらに島の南西岸を進み沓形《くつがた》の水路のような漁港に入れさせてもらいました。そのすぐ上がキャンプ場になっており、ここをベースに3日間滞在。その間に利尻山登山、島一周サイクリングをしたのですが、出発

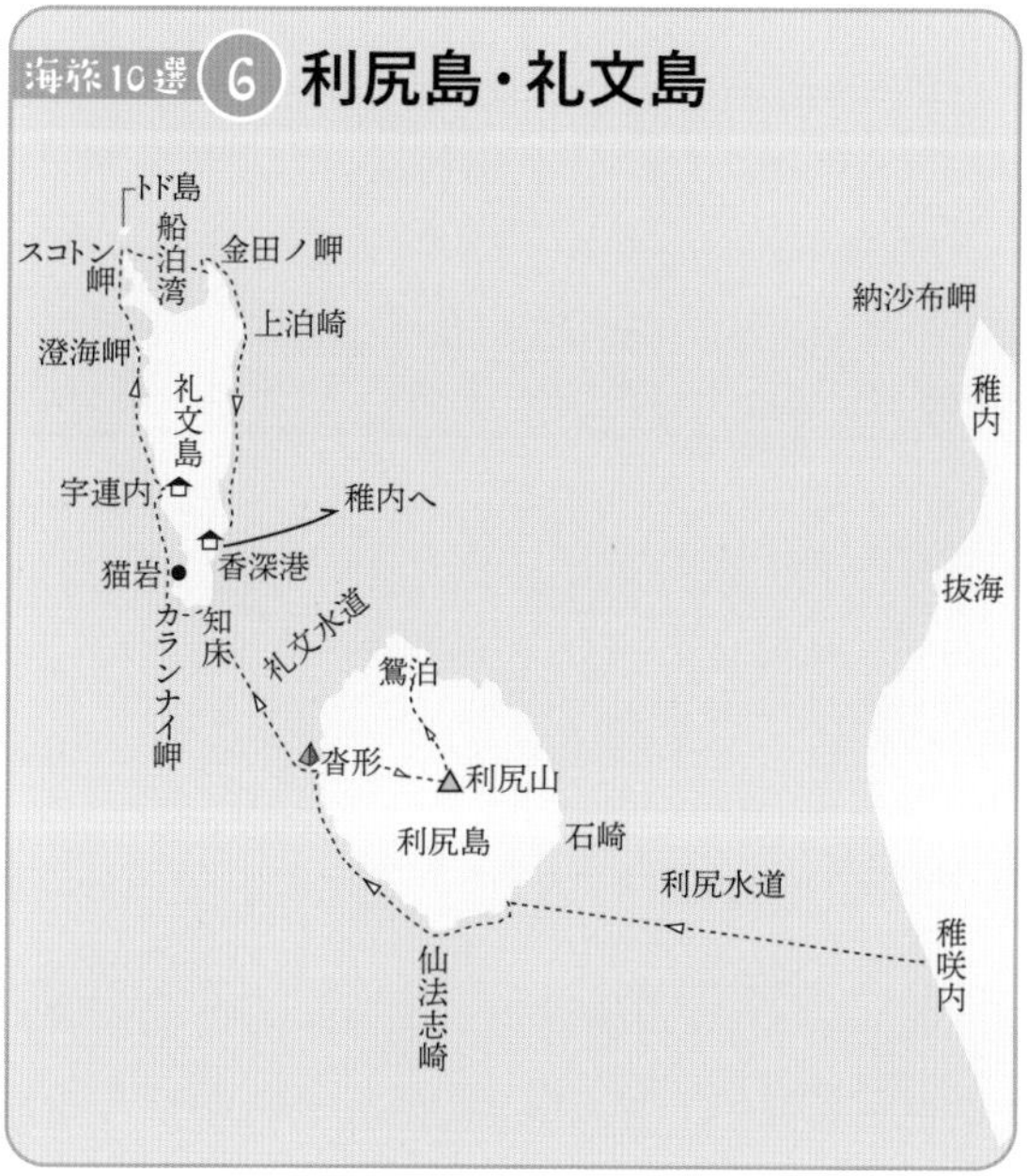

予定の日は強風波浪の悪天、回復するのを待つしかありませんでした。

翌朝、海上にはそれなりに風が残り、濃霧注意報も出ていましたが、昨日までの高い波はかなりおさまっていたので礼文水道へと漕ぎ出します。10キロ強の距離ですからたいしたことはないと自分に言い聞かせても、波にもまれるとけっこう緊張するものです。緊張や不安は必ずメンバーに伝染しますから表情には出しません。平静な顔を保ったまま礼文島南端、知床と名のつく村まで漕ぎつけてテトラ護岸内の岸辺に上げました。休憩後、さらにカランナイ岬を回り込んで猫岩を右に見過ごし、宇遠内《うえんない》の小さな漁港まで漕ぎ進みます。ここではテントを張らず小屋に泊めていただくことになり、夕方には家のご主人がソイを釣ってきて刺身をふるまってくれました。営業中の小旗がありましたが、営業ではないご主人やおかみさんのもてなしが嬉しかったです。

礼文島は花の島というイメージですが、それに反する荒々しい西海岸は知る人ぞ知る世界なのでしょう。澄海《すかい》岬、スコトン岬に上り眺める風景、それはフェリーや車で来て覚える感慨とは一味違っています。これは単なる修辞ではなく実感そのものなのです。船泊湾は金田岬まで一気に漕ぎ、岬の店に入って食事。その先、トドの群れの歓迎を受けながら東岸へと回り込んで香深の港に上げて終着としました。

何から何までうまくいった海旅、こんなこともあるのですね。帰りのフェリーのデッキの上から、昨日とは一転して波立つ海を眺めながら幸運を思ったものです。

荒々しい礼文島西海岸

おだやかなので岩場に着ける

五島列島縦断（五島の教会を訪ねる）

五島列島をカヤックで縦断しようと思ったのは、世界遺産になると聞いたから。世界遺産となった後の一時的な熱狂や観光地化した姿をあまり見たいと思わないのは、へそ曲がりな私の悪癖です。テーマは切支丹《きりしたん》遺跡を海から訪ねるとして、有名無名を問わず浦々の教会を巡ることにしました。長崎から福江へは九州商船のフェリーで渡りました。使用するのはファルトの2人艇。縦断途中で挫折しても、折りたたんで帰れるのが利点です。

南の福江島から北西端の宇久《うく》島まで直線にすれば80キロほどですが、その間の島々を縫うようにして漕ぎ渡るので漕航距離は倍ほどになります。島と島の間にある瀬戸の潮は速く、この潮を敵に回すとやっかいです。午前中は北と西、午後には南と東に流れる、と大雑把に頭に入れておきました。列島の西側は東シナ海からうねりが入るので、久《ひさ》賀《が》島から先は東側を北上するほうが無難などと作戦を立てておきます。でも、作戦通りにいかないのが実戦で、いくつかの誤りや苦難に遭遇することになりました。

つまづきは初日から。出

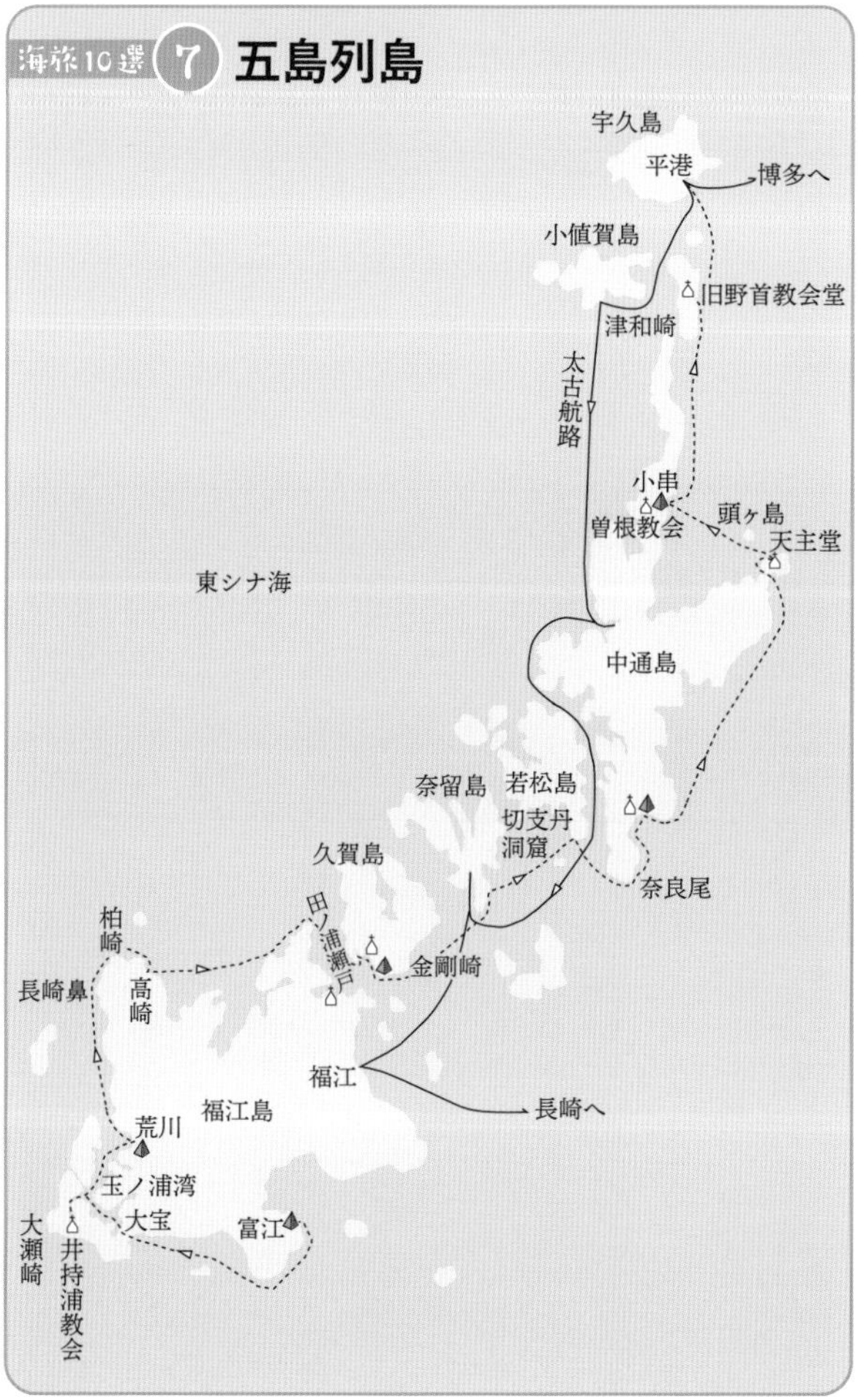

久賀島のゴロ石の浜に泊まる

発に手間どって富江キャンプ場から出たものの時間切れで逆潮となってしまいました。大瀬崎を回るのをあきらめ、大宝で陸地越えをして玉ノ浦湾に入りました。荒川で温泉に入り1泊した翌日、長崎鼻あたりではうねりと潮と風の競演で激浪模様、ファルトはもみにもまれました。おまけに船底の布が傷ついたのか、にじみ出てくる水で艇内は水浸し。柏崎を回ると高崎の港に逃げ込んで、修理を兼ねて長い休憩をとることになりました。田ノ浦瀬戸は大潮で川のように流れていましたが、その順潮に乗って久賀島へ。ゴロ石の浜でキャンプした翌朝、金剛崎までは逆潮。沿岸の反流やエディを利用して奮闘1時間。ようやくにして岬を回り込むと、今まで敵だった潮は大いなる味方となって北上を助けてくれました。

　試練はここまで、以後は毎日この北流を利して早朝から漕いだので、航程ははかどりました。テーマどおり、旅の途中で井持浦《いもちうら》教会、若松島の切支丹洞窟、頭《かしら》ヶ島天主堂、旧野首《きゅうのくび》教会堂を訪ねました。赤い煉瓦造りの教会が青空と緑に映え、ステンドグラスの輝きとともに目と心に焼きついています。東シナ海へと出漁するはえ縄船団、島々を結ぶ連絡船、各浦々にたたずむ村落。止まったように見える島の時間にも脈々とつづく人々の営みがあることが分かります。

海からも見つけにくかった若松島の切支丹洞窟

野崎島の旧野首教会を訪ねる

「美しいものが見たい、いい人に出会いたい」——これが私の旅の目的ですが、その2つとも満たされた海旅でした。そして何よりも嬉しかったのは5日間に出会った5本の指に余る島の人たちの好意や親切でした。大宝で舟を運んでくださった軽トラの漁師さん、荒川の「さんさん」のおかみさんと常連さん、奈良尾のスーパー「ナイスデイ」の若奥さん、「ことぶき」すし店の大将、祭りに入れてくれた小串《こぐし》港のみなさん、宇久の漁協の女性職員さん、エピソードは細かく語りませんが、五島の人たちの観光サービスでもない、営利でもない、人としての温かさ。これこそ世界に告げ、残したい日本の遺産だと思う旅でした。

両津港に入るフェリー

佐渡島（一周）

　佐渡島は沖縄本島に次ぐ日本で2番目に大きな島。ゆがんだエの字のような形をしていて、周囲は263キロメートル。これを一周し、島で一番高い金北《きんぽく》山に登ろうという計画をたてました。カヤック初心者の女性が加わることになり、いつものファルト2人艇に、フジタカヌーの古いA1艇を引っ張り出しました。どちらも足の速い舟ではありません。彼女が漕ぎとおせるだろうかとの懸念をもちながらの旅で、おまけに長岡で花火見物をした際、預かった旅行資金をみんな落としてしまい意気消沈。でも、これで止めたら悔いが残るだけ。コンビニのATMへ走り、気をとりなおして出発することにしました。

　佐渡島には寺泊から赤泊のフェリー（2019年に廃止されている）で渡りました。港に着いてすぐに支度をして漕ぎ出し、長い堤防を回り込んでいきます。南岸沿いに西に進み、小木海岸の矢島・経島に立ち寄った後、北前船で栄えた宿根木《しゅくねぎ》の港に上げました。古い町並みの見学を終えて、近くの人目につかない岩床の浜でテントを張りました。陽が沈むと海峡越しにかすかに光る長岡の花火が見えたのは驚きです。

　翌早朝に漕ぎ出し、潮早岬にさしかかる頃、タライ舟に出合いました。何を獲るのか聞くと、サザエとのこと。観光ではなく実用の漁舟、これが今も現役で使われているとは思いもよりませんでした。タライ舟と別れ、沢崎鼻を回ってから真野湾は直線で渡り、稲鯨《いなくじら》の港に上げました。そこの食堂でサザエとイカで腹ごしらえ。さらに金山で有名な

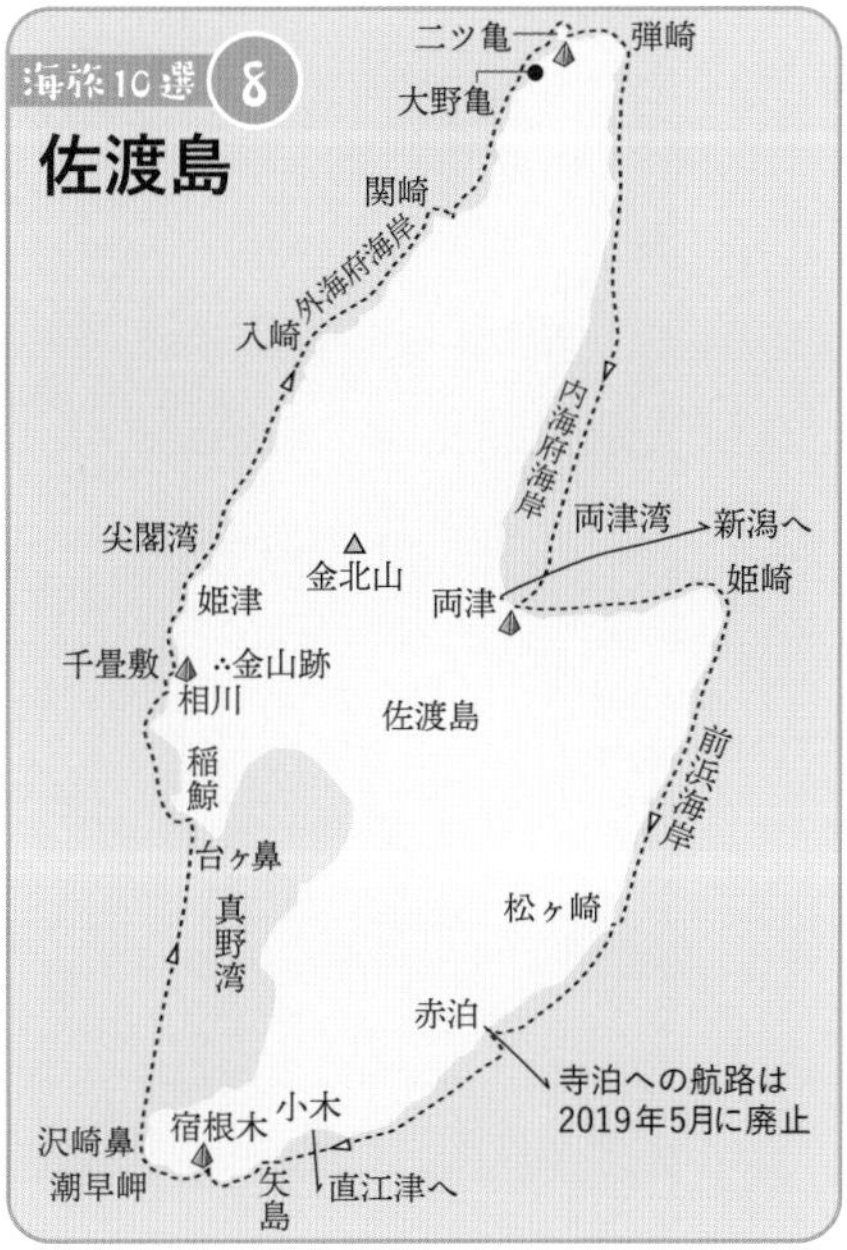

佐渡島北端、弾崎の朝

潮早崎で出合ったタライ舟

大野亀を海から見る

相川の町を過ぎ、その日は千畳敷の海岸で夜を明かしました。
　この先、いよいよ佐渡島の北西岸を行くことになります。自然の岩礁をうまく利用した姫津の港を通り抜け尖閣湾の奇景を楽しみつつ北上。このあたりから外海府海岸が佐渡島一周のハイライトでしょうか。海府大橋を遠目に見、大野亀を回り込むと向こうに二ツ亀が見えてきます。その右手の砂州が泊り場となりました。

外海府にある洞穴

弾崎《はじき》は佐渡島の最北端、これを回ると両津湾。この湾は横断せずに海岸沿いに進みました。両津港に入りかけたとき高速船ジェットフォイルに出合ってしまい大あわて。追い立てられるように逃げ込んで、港の出入りは要注意とあらためて思い知らされたお粗末。上陸後「朱《と》鷺《き》の舞湯《まいゆ》」に入ると一気に疲れが出てしまい、夕方から港で何かのイベントがあってにぎやかでしたが、もう見に行く元気もなく、猫の額ほどの小さな浜に張ったテントで熟睡していました。
　5日目は出発点の赤泊まで戻ります。前浜の海岸線に変化は乏しく、すでに十分漕ぎ飽きていた我々には重いパドルとなり、遠い遠いとつぶやきながら一周を終えました。それでも足は腕とは別物なのか、翌日に佐渡金山見物、最終日には金北山を登ってこの旅を完遂。初めてのロングツアーを漕ぎとおした彼女のねばりに脱帽したのですが、その後自艇を買い、海旅をつづけてくれているのが嬉しいのです。

朝日に向かって碁石海岸を漕ぎ出す

三陸海岸
（復旧を見る鎮魂の旅）

２０１１年３月11日のこの日、三陸海岸の各地に押し寄せる津波をテレビで見た人は多いことでしょう。次々に波に呑み込まれていく田畑、道路、家屋、車に人。２万人以上の死者を出し、甚大な被害をもたらした東日本大震災。この地の海を漕ごうと誘いを受けたのは被災から6年目のことでした。誘ってくれたのは利尻水道横断の宮川さん。復興の明りを見たいという動機に、鎮魂の思いをのせて同行することにしました。

日本三景の松島から宮古の浄土ヶ浜まで３００キロ近い距離を、停滞2日を含む10日間で漕ぎました。この間の航程は概念図を参考にしてもらうことにして詳述はしませんが、概略を言えば、午前中に潮は下げで東や北に流れ、正午前に転流します。したがって、リアス式海岸の奥まった入江から早朝に漕ぎ出し、北上する毎日となりました。それでも初日の釜石湾横断では逆潮と逆風に悩まされたし、船越湾では漕げど進まぬ状態に陥ったりしました。いずれも午後のことです。また岬の先端は荒れるという状況は、綾里《りょうり》崎、首《こうべ》崎、死《し》骨《こつ》崎などで現れました。反面、唐丹《とうに》湾を漕ぎ出した尾崎付近は嘘のように凪いでいながら、その先の三貫《さんがん》島では突然の風、瞬間風速20m／s級の突風に見舞われるということもありました。同じ日、同じような気象配置の中でも小異変は起こり得るものなのですね。ほかに印象に残ったのは、金華山や碁石海岸での濃い霧、視界は50メートルほどで、エンジン音はしても姿の見えない漁船や岸辺で泡立つブーマーは怖いものでした。

車は2台で行き、尺取虫のように出発地と到達予定地に配送しておくようにしました。海路が20数キロでも陸路はその倍以上ということもあって、なかなか手間でしたが、回送のドライブ途中で被災地に立ち寄り、震災の痕跡を見ました。復興の町を見、巨大堤防を見て、立ち寄った港では、難を逃れた人の話を聞きました。ほんのわずかな時間、取るに足りない見聞に過ぎませんが目に映ったものは確かで消えようもありません。

太平洋へと果てなく広がる三陸の海、その下に2千5百余人の人々が今なお眠っています。私たちの残す航跡が消えていくのと同じように、この人たちも生きる人々の記憶から消えていくのでしょうか。何事もなかったかのような海原を漕ぎながら、たまゆらの命を思う旅となりました。

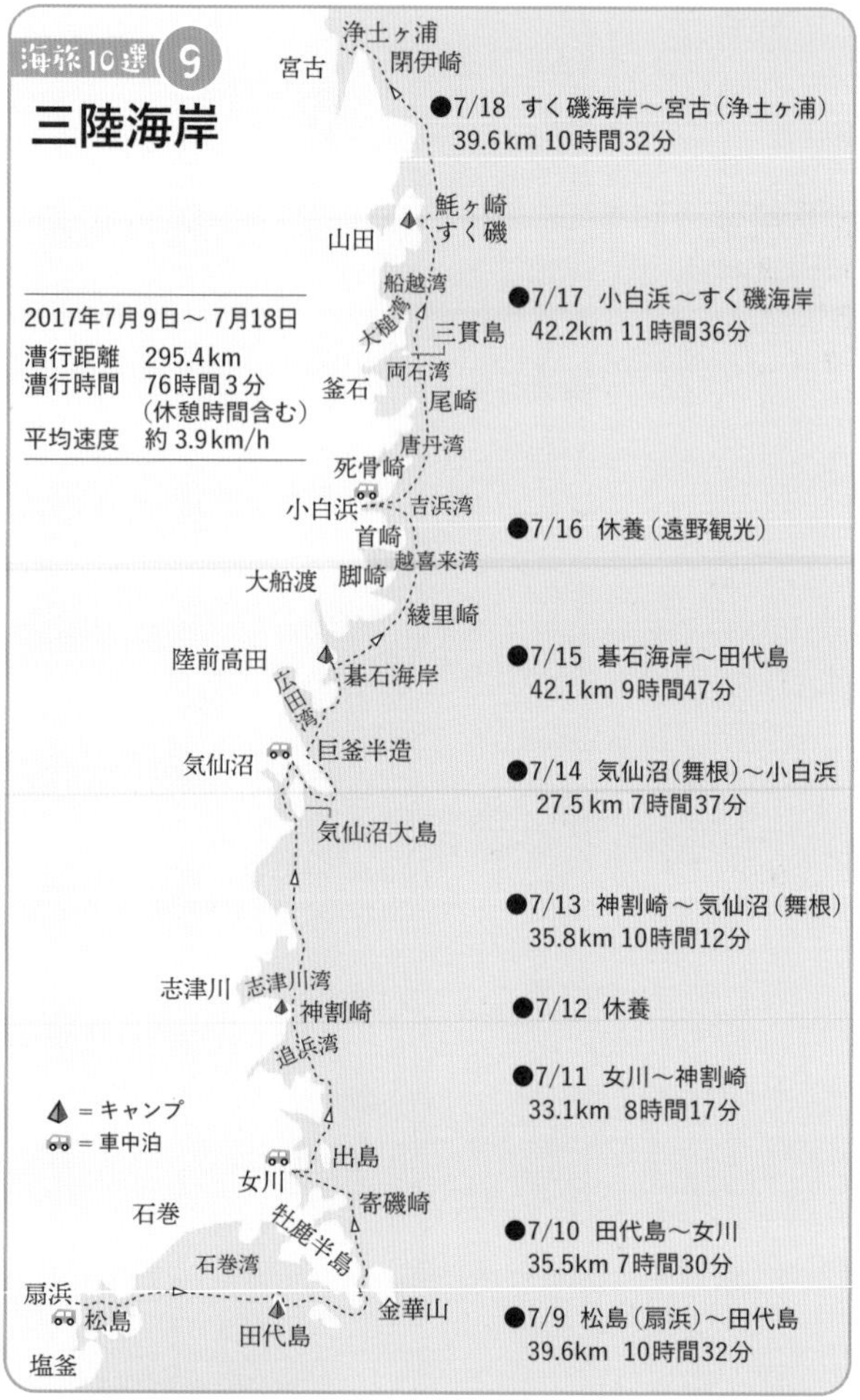

金華山の白い浜

すく磯でキャンプ

霧の予感

エンジェルロードに上げる

小豆島（一周）

小豆島は近くて親しみのある島です。寒《かん》霞《か》渓《けい》やオリーブ園の観光では何度も訪れ、若い頃には拇岳《おやゆびだけ》や吉田の岩場で岩登り、カヤックでも数回漕ぎ渡っています。ただ島一周はやったことがありません。瀬戸の海は島から島へと渡って行くもの、そういう固定概念が災いしていたのかもしれません。シーカヤックでの一周を思い立って牛窓から漕ぎ出しました。小豆島を時計回りに回ってまた牛窓へと帰る計画。最終日にGo Toトラベルを利用して小豆島国際ホテルに泊まることを織り込んだのは、私たちのささやかなぜいたくであります。

小豆島の海岸線は126キロ。直線的に漕ぐと実際はもっと短くなるので、力のある人なら1日から2日で一周できるでしょう。でも、それではただ漕ぐだけで味気ないので、上陸しての観光を省かずに4日間の海旅で計画しました。牛窓海水浴場の浜から漕ぎ出し10キロほどで小豆島北西端の燕《つばめ》崎に着け、ここを一周の始点とします。

荒涼とした燕崎

そこから北岸を東進し時計回りに進みました。途中「大阪城残石記念公園」で昼食。吉田まで行ってキャンプしました。次の日は大阪城の石を切り出した「八人丁場」を見物、小豆島の花崗岩はブランドでもあり、今も採石場が稼働しています。壺井栄の小説『二十四の瞳』の舞台「岬の分教場」へ立ち寄ったあと谷尻の漁港脇の砂浜にそっとテントを張らせてもらいました。翌日は夜明けとともに出発し、世界一狭い海峡とギネス認定されている「土渕《どふち》海峡」に入って往復。若い恋人たちの聖地「エンジェルロード」はまだ水面下だったのでそこを横切り、砂浜に上げてホテルで早いチェックインをすませました。レンタサイクルを借りて島を回ります。「樹齢千年のオリーブの木」、備讃瀬戸の海が一望できる「重岩《かさねいわ》」と回り、最後は土庄の「迷路のまち」をくねくね。カヤックと電動自転車は島巡りのゴールデンコンビです。帰着したホテルには快適な空間と素敵な景色、そして美味しい食事が待っていました。

岬の分教場

　最終日は、東端の戸形崎を回り、土庄港のフェリー航路を横切って四海《しかい》漁港と沖島の間を抜けました。小豆島一周の起点となった燕崎で休憩。その沖に異様な波の嶺があるのが見えました。来るときにはなかった波です。それは右手から正面に山脈のように連なっていました。その山脈を回避するために左方向を目指して漕ぎ進んだのですが、しばらく行くうちに横腹に波を受けるようになりました。これにカヤックは弱いものです。抗しきれず、押し寄せる波に正対するように右にラダーを踏みました。海面は三角波で乱れに乱れています。時間だと20分ほど、距離にすれば数百メートルほどだったでしょうか、そこを夢中で漕ぎ、乗り越えました。あとは東風に押された大小の規則正しい波。なんとか無事に危険な一帯を過ぎました。海図には何の浅瀬も岩礁もないのにどうしてこんなに波立つのか。燕崎と千振《ちぶり》島の間に押し出す潮があって、それと強い東風がぶつかりあって生まれた現象だろうかと推測してみましたが、瀬戸内海では遭ったことのない不思議な波でした。

　ホテルに泊らず、昨日のうちに晴天下を帰っていたなら出合わなかったこの状況。これを失敗として反省

世界一狭い土渕海峡

するか、奇貨として喜ぶか、今も決めかねている自分がいます。

＊

こんな旅を冒険という人もいて、たしかにいくらかの危険や困難に出合います。ですから予想される事柄はできるだけ計画に織り込み、不安と恐怖に心を支配されることのないように心がけなければなりません。旅で体験することは、良いも悪いも含めて受けとめながら、その場でできる最善を選んでいるつもりなのですが、私たちの知識や能力の及ばぬことは山ほどあるのです。女房と二人して怯えうろたえることはしょっちゅう。予期せぬ状況の中で「波！波！」「ほら漕げ、そら漕げ」と叫びながら、前と後ろでパドルをぶつけ合い大騒ぎ。そんなときのみっともないふるまいを思い出すまでもなく、海は怖いといつも思うのです。一日の航程を無事に終えられたなら万々歳。今日という日のあることを感謝しつつ、夕暮れの浜で静かに波の音を聞けるなら、それは至福のとき、明日への祈りのときとなるのです。

自分の旅を & Bon voyage

高価なシーカヤックを買い、海岸べたを恐る恐る漕いでみて、なんだこんなもんかと早めに見切り、かさばる船体を持て余して、2〜3年でネットオークションに出す人のなんと多いことでしょう。カヤックはただの道具です。でも、人に豊かな時間を与えてくれる道具です。その方向性と可能性を探ってください。若いときはカヤックで冒険にでかけるのも、スポーツとして競い合い、能力の限界まで極めるのもいいことです。2〜3年で手放しても、何もしないよりは格段によいでしょう。

ただ、よく遊ぶには創造力と感性が要りますし、何事も鍛練しなければモノにはなりません。人についていっていいとこ取りという方法もありますが、それだけではすぐに飽きてしまいます。自分の頭で考え行動しながら、その過程にある苦しさや楽しさを味わってこそ遊びや旅は面白くなっていきます。

私もずいぶんと長い間、カヤックで海旅を楽しんできました。高齢となった今も山や海を行く旅をつづけています。若い頃から今までに出会った風景、人々。かけがえのない時間。その思い出の一コマ一コマがとてもありがたく、貴重に思えてなりません。その時々、その場で出会う感動は、いつも陽炎のように消えていきますが、広い海のどこかに居た事実《こと》は忘れようもなく、記憶の片隅に積み重ねられていきます。苦楽ともに受け入れながら行くシーカヤックの海旅、そこに幸せを覚えることができるならば、きっといつか人生の豊かさと実りを祝うときがくることでしょう。

Bon voyage

出発の朝日を迎える

年月	目的地	テーマ	出発地	到着地	距離(km)	日数	人数	使用艇	備考
2017年7月	三陸海岸	復旧を見る鎮魂の旅	仙台（松島）	宮古（浄土ヶ浜）	295	10	3	R2人艇1、1人艇1	⑨
2018年6月	豊島	産廃跡地とアートを訪ねる	沼漁港	沼漁港	31	2	3	R2人艇1、F1人艇1	島内ポタリング
8月	積丹半島2	前回と逆コースで	柵内	美国	45	2	7	R2人艇3、1人艇1	
8月	洞爺湖	中島を歩こう	仲洞爺キャンプ場	仲洞爺キャンプ場	16	1	7	R2人艇3、1人艇1	トーノシケヌプリ登山
2019年6月	笠岡諸島	笠岡六島を巡る	神ノ島	神ノ島	40	2	2	R2人艇1	
8月	塩飽諸島	塩飽の海に湧く潮は	倉敷（沙美海岸）	倉敷（沙美海岸）	52	2	2	R2人艇1	広島の王頭山登山
11月	仁淀川	源流から河口まで	越知	春野町（河口）	45	1	2	F2人艇1	沢登り・ポタリング
2020年7月	粟島	船乗りの学校のあった島は今	船越	船越	22	2	3	R2人艇1、1人艇1	城山登山
8月	天塩川	河口まで150kmを下る	名寄	天塩	150	3	3	R2人艇1、1人艇1	
9月	小豆島	一周	牛窓	牛窓	106	3	2	R2人艇1	⑩
10月	越前海岸	越前岬を回る	鷹巣海岸	甲楽城浜	41	2	4	R2人艇1、1人艇2	
10月	東尋坊	東尋坊を海から見る	二ノ浜海岸	サンセットビーチ	10	1	2	R2人艇1	
11月	御所浦島	不知火の海を漕ぐ	中形浦（弁天浜）	中形浦（弁天浜）	21	1	2	F2人艇1	天草諸島
11月	南九十九島	九十九島ってどんなとこ	牽牛崎	牽牛崎	13	1	2	F2人艇1	
2021年5月	沼島	国生みの島へ処女航海	土生	土生	15	2	4	F2人艇2	沼島一周
5月	直島	アートの島巡り	玉野競輪場P	玉野競輪場P	22	2	4	R2人艇2	
6月	家島	島渡り	室津	室津	38	2	6	R2人艇2、F2人艇1	
7月	長門海岸	海から観光	角島	萩	89	3	4	R2人艇1、F2人艇1	海上アルプス
7月	祝島	原発反対、練壁の島へ	田名	～祝島往復	36	2	2	R2人艇1	芸予諸島
7月	柱島	陸奥爆沈の海を訪ねる	周防大島（両源田）	～柱島往復	17	3	3	R2人艇1	
8月	宇和海	藤原純友の島は	室手	堂崎	69	3	3	R2人艇1、1人艇1	宇和海
8月	山陰海岸	但馬御火浦の海食崖を見る	諸寄	香住	23	2	5	R2人艇1、1人艇1、F2人艇1	
10月	島根半島	宍道湖から日本海へ	松江	北浦	25	2	5	R2人艇1、1人艇1、F2人艇1	佐陀川
11月	生名島	カヤック・ハイク・ポタリング	生名島	～岩城島往復	9	2	5	R2人艇1、1人艇1、F2人艇1	
2022年7月	牛窓諸島	新艇進水式	牛窓	牛窓	13	1	3	F2人艇1、1人艇1	前島一周
7月	備讃諸島	ちょっとリッチに	渋川	玉野	25	2	4	F2人艇2	女房3千キロを漕ぐ!
8月	江の川	川から海へ	美郷	江津	52	2	2	R2人艇1	海は時化で川のみ
8月	沖ノ島・鵜来島	四国最西端の島へ	柏島	柏島	73	3	6	R2人艇1、F2人艇1、1人艇2	
9月	熊野川	熊野古道 舟の参詣道を行く	本宮大社	新宮	38	1	2	F2人艇2	熊野古道の最終行程
				合計	3,175	143			

＊摘要：①～⑩は本書収載の「海旅10選」　＊使用艇：R＝リジッド艇、F＝ファルト艇

私の海旅リスト ››› 2002年6月～2022年9月

年月	目的地	テーマ	出発地	到着地	距離(km)	日数	人数	使用艇	備考
2002年6月	的矢湾	相差の旨い魚を食べる	磯部	国崎	18	2	4	F2人艇2	
2003年9月	伊根湾	伊根の舟屋を訪ねる	伊根	伊根	25	2	4	R2人艇1、F2人艇1	
2004年8月	島根半島	一周	出雲市(稲佐の浜)	松江市(大根島)	105	3	2	F2人艇1	① 初ロングツアー
2005年7月	青海島	洋上アルプスを海から見る	長門(仙崎)	萩	36	2	2	F2人艇1	
2006年8月	知床半島	一周	ウトロ	相泊	62	3	6	R2人艇2、1人艇2	②
2007年6月	犬島	島でキャンプ	宝伝	宝伝	8	2	10	R2人艇3、F2人艇1	
8月	対馬	一周	箕形	三宇田浜	75	4	7	R2人艇3、1人艇1	半周しかできず
2008年7月	若狭湾(蘇洞門)	蘇洞門をくぐりたい	阿納尻	阿納	22	1	2	F2人艇1	
8月	隠岐島	一周	知夫里島(浦郷)	島後(塩浜)	133	5	2	F2人艇1	③ 島後水道横断
2009年6月	琵琶湖	琵琶湖縦断	瀬田(唐橋)	塩津浜	83	3	2	F2人艇1	
8月	若狭湾(常神半島)	三方五湖から常神半島周回	海山(水月湖)	塩坂越	27	1	2	F2人艇1	
2010年7月	友が島	そのまま残る戦争遺跡を見る	加太(北ノ浜)	加太	16	1	2	F2人艇1	
8月	宮島(厳島)	弥山・水中花火に御島巡り	物見西	物見西	35	1	2	F2人艇1	島一周
2011年7月	能登半島	一周 その1	輪島(袖ヶ浜)	羽咋(千里浜)	74	2	6	R2人艇3	④-1 能登半島(西)
8月	能登半島	一周 その2	珠洲(見附島)	穴水	50	2	4	R2人艇2	④-2 能登半島(南)
2012年7月	丹後半島	丹後半島を回る	伊根	間人(立岩)	35	2	12	R2人艇4、F2人艇2	
8月	能登半島	一周 その3	輪島(袖ヶ浜)	珠洲(見附島)	66	2	2	R2人艇1	④-3 能登半島(東)
8月	浦富海岸	浦富の海岸美を楽しむ	浦富港	浦富港	18	1	4	R2人艇1、F2人艇1	
2013年5月	大久野島	地図から消された島は今	忠海	忠海	8	1	4	R2人艇2	毒ガスの島
6月	若狭湾(成生岬)	成生岬ってどんなとこ	野原漁港	東三松	22	1	8	R2人艇3、F2人艇1	初心者講習
7月	知床半島2	手つかずの自然	相泊	ウトロ	62	3	6	R2人艇3	
7月	釧路川	有名所をちょっとだけ	塘路湖	細岡	9	1	6	R2人艇3	
7月	屈斜路湖	湖岸の温泉巡り	和琴	砂湯	9	1	2	R2人艇1	
8月	隠岐島2	国賀海岸を細部まで	三度	耳耳浦	20	2	4	F2人艇2	
11月	八重山諸島	石西礁湖を渡り西表島一周	石垣島(真栄里)	西表島(大原)	133	6	2	R2人艇1	⑤ 石垣島から西表島
2014年7月	積丹半島	積丹ブルーに会う	美国	ノット	40	1	2	R2人艇1	
7月	利尻島・礼文島	利尻・礼文水道横断	稚咲内	礼文島(香深)	110	5	6	R2人艇3	⑥ 利尻山登山
11月	四万十川	四万十川の幸を味わう	江川崎	川登(かわらっこ)	24	2	26	各種10数艇	
2015年7月	琵琶湖	琵琶湖横断	近江八幡(西の湖)	近江舞子	28	1	8	R2人艇3、F2人艇1	水郷から沖島経由
7月	能登島	島を回ってイルカを見る	勝尾崎	須曽	30	1	3	R1人艇1、F2人艇1	半周しかできず
7月	五島列島	五島の教会を訪ねる	福江島(富江)	宇久島(宇久)	162	5	2	F2人艇1	⑦
2016年8月	佐渡島	一周	赤泊	赤泊	165	5	3	R1人艇1、F2人艇1	⑧ 金北山登山
11月	湯浅湾	鷹島でみんなでキャンプする	栖原	栖原	11	2	13	R2人艇6、1人艇1	レンタルあり
2017年6月	大津島	回天の島の戦争遺跡を訪ねる	長田	長田	23	2	6	R2人艇3	

あとがき

本書に記したような海旅を「冒険」と言う人がいるかもしれません。冒険という言葉の定義はいろいろあるようですが、文字通り険を冒すことが第一義でしょう。でも植村直己が言うように「冒険とは生きて帰ること」なら、あらゆる困難や危険をかわし、乗り越えなければなりません。何かをやると決めたなら事前の調査、準備はできる限り周到にやっておかなければ、冒険はあっという間に無謀に転じてしまうでしょう。冒険は何かをやろうと発意したときから始まります。南極点を極めたアムンセンは「準備10年、成功5分《ぶ》」と言っています。その後、5大陸の最高峰を登った植村はマッキンリー、アムンセンは北極海に消えますが、二人が不幸だったとは私には思えません。冒険者の多くは、肉体的な意味での寿命を全うせず亡くなっています。その人生の長短にかかわらず、また志半ばと言っても、彼らは自分を生きたのだと思います。

冒険に失敗はつきものということから、冒険には否定的なニュアンスがあります。「お前、そりゃ冒険だぜ」と言われたなら、「止《や》めときな」の意味にとって間違いないでしょう。管理の強い社会では冒険は隅に追いやられ、安全と安心が大手を振って歩きます。既定の成果に沿った、約束された成功しか許されない、そんな空気の中で私はときどき窒息しそうになります。そう感じるとき、海の広がり、山の壮大さが抗いようのない力で誘ってくるのです。そこには違う可能性、価値、自由があるように思います。

日常とは違うところに身を置く、常識とはかけ離れた思考に遊ぶ、というのは冒険かもしれません。そうなら冒険は日々の暮らしのどこにでもあります。昨日と違う寄り道、回り道をするだけでも、どんな些細なことでもやったことのない何かを始めるだけでもそれは冒険になるのです。何もまなじりを決して命がけでやることだけが冒険ではないのです。人生や命をかけるような冒険など一生に一度か二度あれば十分でしょう。決まりきったと思う日常に一瞬立ち止まって、周囲を見渡してみてください。そこに今まで見えなかったものを見つけられたなら、それが冒険の入口なのかもしれません。そして、白分個人のほんの小さな小さな冒険が、どれだけ人生を豊かにしてくれるかを想像してみてください。冒険のない人生なんて味気ない、そう感じるようになったなら新しい世界が開けてくるかもしれません。

私たちの海旅など、生死をかけるという狭い意味では冒険に値しないものだと思いますが、「準備10日、成功9分9厘」でもワクワクしている自分がいます。そんな感性は、高校時代に足を踏み入れた山、人生半ばから知った海、その両方を行く旅をつづけながら養われてきたのだと思います。旅と言いながら、その中に何らかの冒険的な意味合い、不確定な要素がなければ、面白みは半減するでしょう。遊園地やゲームでは満たされないのはそのせいだし、肉体や技術への信頼も必要です。と言いながらスポーツのように能力を極めることもせず、生死を賭すこともなかった中途半端な私たちの海旅。それでも、緊張と弛緩、そして充足という冒険のサイクルを繰り返し味わってきました。それは心地よいものです。老いた今もなお、自然を行く旅ができ、かけがえのない時が重ねられていきます。今のこの一瞬一瞬が輝くなら、たとえ今日がその終焉であっても悔いることはない。それが冒険の真価なのかもしれません。

単行本化を勧めてくださった舵社の植村浩志社長、カヌーワールドに執筆のチャンスを与えてくださったファイントラックの金山洋太郎社長、そして海旅をともにしてくれた私の数少ない友人たちに心から敬意を表し感謝を申し上げます。

カヤックという素晴らしい世界を教えてくださった二人の藤田さんは、一昨年の春に前後するように鬼籍に入ってしまわれました。師匠と呼ばせていただきたい藤田敬一郎さん、そしてフジタカヌーの創始者・藤田清さん。このお二方にはご存命のうちにお届けしたかった。そしてその衣鉢を継ぎ得たかどうか、お言葉をいただきたかった。

2024年2月　川﨑航洋

川﨑航洋
（かわさき・こうよう）

1950年、岡山県生まれ。日本全国、数多の海をカヤックで巡るとともに、登山、沢歩き、テレマークスキー、自転車などで、四季を通じて自然の旅を楽しんでいる。生涯現役でありたいと、1年に10の旅を目標に「テントレック」を実践している。著書に『ひょうご山蹊記』『山・岩・沢・雪（山蹊記2）』『兵庫の山スキー（山蹊記3）』がある。兵庫県三木市在住。

海旅入門
カヤックで海を自由に旅しよう

2024年3月30日 初版発行

著　者　川﨑航洋
装　丁　佐藤和美
発行者　植村浩志
発行所　株式会社 舵社
〒105-0013
東京都港区浜松町1-2-17
ストークベル浜松町3F
電話：03-3434-5181（代表）
03-3434-4531（販売部）
FAX：03-3434-5860
印刷・製本　株式会社シナノパブリッシングプレス

定価はカバーに表示してあります。
乱丁・落丁はお取りかえします。

ISBN978-4-8072-1525-6 C2075

［写真］川﨑航洋　［イラスト、MAP］川﨑あっこ